# ABI 2022/23

Auf einen Blick

W0182043

# Deutsch

## Baden-Württemberg
## Berufliches Gymnasium

STARK

# Inhalt

# Was erwartet mich?



Die **Schwerpunktthemen des Deutschabiturs in Baden-Württemberg** an beruflichen Gymnasien **2022 und 2023** sind breit gestreut und reichen von Johann Wolfgang von Goethes *Faust I* über E. T. A. Hoffmanns *Der goldne Topf* und Hermann Hesses *Der Steppenwolf* bis hin zum epochenübergreifenden Thema der Reiselyrik. Bei diesen unterschiedlichen Themen ist es nicht immer leicht, den Überblick zu behalten. Ihnen dabei zu helfen, ist das Hauptanliegen des vorliegenden Büchleins.

- Die Doppelseiten beginnen mit einem **Schaubild**, das ein schnelles Erfassen des Themas ermöglicht und seine zentralen Merkmale veranschaulicht. Durch die grafische Gestaltung werden Zusammenhänge auf einen Blick deutlich und sind leichter zu behalten.

- Das **Kästchen** neben den Grafiken vermittelt wissenswerte, interessante oder kuriose Zusatzinformationen zum Thema. Diese gehören sicher nicht zum Standardwissen, können aber dabei helfen, sich die abiturrelevanten Inhalte besser einzuprägen.

- Zu den literarischen Werken ***Faust I***, ***Der goldne Topf*** und ***Der Steppenwolf*** ist zunächst eine **Biografie** der Autoren abgedruckt. Diese vermittelt Wissenswertes zu deren Kindheit, Studienzeit und Arbeitsleben und gibt Einblicke in ihre private und berufliche Welt.

- Die Doppelseiten zum **Inhalt** fassen die Handlung der Werke prägnant zusammen. Es folgt eine strukturierte Übersicht zu **Aufbau und Form** sowie zu einzelnen **Deutungsansätzen**.

- Das Kapitel zur **Reiselyrik** bietet auf drei Doppelseiten eine **kurze Literaturgeschichte dieses Genres**, die die Schwerpunkte und zentralen Aspekte in den jeweiligen Epochen vorstellt. Das dazugehörige Schaubild zeigt **dominierende Themen und Motive** der Reiselyrik und Ausschnitte aus einzelnen Gedichten veranschaulichen die genannten Aspekte am konkreten Beispiel.

- Im Kapitel **Allgemeines** fasst eine **Mini-Literaturgeschichte** die zentralen Epochen vom Barock bis zur Gegenwart knapp zusammen – bezogen auf alle Gattungen. Außerdem stellt eine Doppelseite die wichtigsten Merkmale der für das Abitur relevanten **Textsorten** dar. Eine **Stilmittel-Übersicht** mit gut zu merkenden Beispielen schließt das Kapitel ab.

Der STARK Verlag wünscht Ihnen mit dem Buch viel Freude und für das Abitur viel Erfolg!

## Auf einen Blick

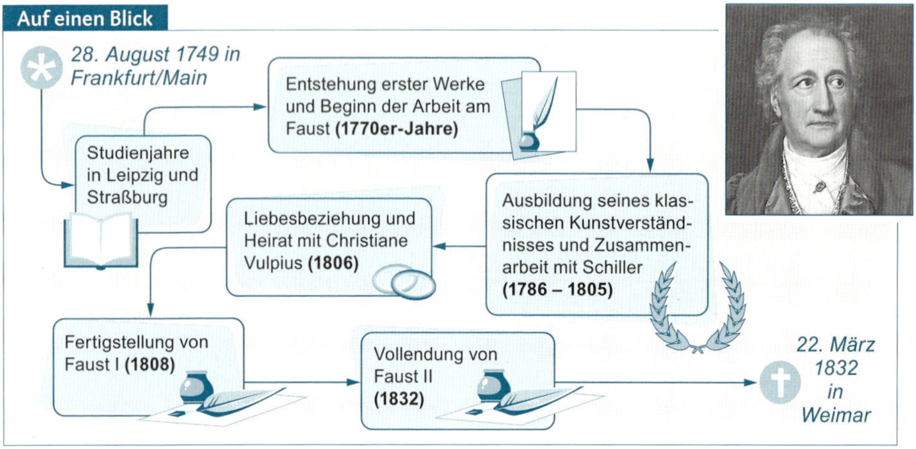


## Kindheit (1749–1765)

- Geburt am 28. August 1749 in Frankfurt/Main
- **Vater:** Johann Caspar – kaiserlicher Rat, gebildet, streng; **Mutter:** Catharina Elisabeth – lebensfroh und liebevoll; enge Beziehung zu jüngerer **Schwester** Cornelia
- wohlbehütete Kindheit und **vielseitige Ausbildung** in allen Bereichen der Künste und Wissenschaften, in mehreren Sprachen (Griechisch, Latein, Hebräisch, Französisch, Englisch und Italienisch) sowie Instrumenten (Klavier und Cello)

## Studienzeit (1765–1771)

### Leipziger Studienjahre (1765–1768)

- halbherzig, auf Wunsch des Vaters betriebenes **Jura-Studium**
- rege Teilnahme am studentischen Leben (u. a. Besuche in „Auerbachs Keller")
- Beschäftigung mit Theologie, Naturwissenschaft, Theaterbesuchen, Kupferstechen und Zeichnen
- **Romanze** mit Käthchen Schönkopf → 1765: Schäferspiel *Die Laune des Verliebten*
- Entstehung erster Gedichte

### Frankfurter Intermezzo (1768–1770)

- wegen schwerer **Krankheit** (Blutsturz, wahrscheinlich Tuberkulose mit Lungenaffektion) Rückkehr nach Frankfurt (Gesundung 1769)
- Orientierungslosigkeit und Suche nach Lebenssinn

### Straßburg (1770–1771)

- Fortsetzung und Abschluss seines Studiums
- Erwerb des Grads eines Lizentiaten (wie Doktortitel): u. a. Behandlung der Frage, ob Kindsmörderinnen mit dem Tod bestraft werden sollten → Anregungen für Gretchentragödie
- Beginn der lebenslangen **Freundschaft** mit dem fünf Jahre älteren Johann Gottfried **Herder**, der großen **Einfluss auf sein Kunstverständnis** hat
- Liebe zu Friederike Brion → ***Sesenheimer Lieder***, u. a. *Mailied*, *Willkommen und Abschied*

## Arbeitsleben in Frankfurt (1771–1775)

- Führen einiger weniger Prozesse als Rechtsanwalt, ansonsten **vermehrte Hinwendung zur Dichtung** → Entstehung des Dramas *Götz von Berlichingen*, dessen Protagonist **zur Identifikationsfigur der Sturm-und-Drang-Generation** wird → Bekanntwerden Goethes
- Verfassen einer kunsttheoretischen Schrift zum Sturm und Drang (*Rede zum Schäkespears Tag*)
- erste Arbeiten am Faust-Thema
- Kennenlernen von Charlotte Buff und ihrem Verlobten → Trübung des Verhältnisses durch Goethes Annäherungsversuche an Charlotte (biografischer Anlass für den **Briefroman *Die Leiden des jungen Werther***, der 1774 erscheint)
- 1775: **Verlobung** mit Lili Schönemann, aber Lösen der Verbindung durch Goethe, der **Angst vor Einengung** hat → Schauspiel *Stella*

## Weimarer Zeit (1775–1832)

- November 1775: Ankunft am Hof von **Weimar** auf Einladung des Erbprinzen Carl August, der Goethe in den **Staatsdienst** einstellt, wo er in den folgenden Jahren **zahlreiche Ämter** übernimmt
- **platonische Liebesbeziehung mit Charlotte von Stein** (1742–1827), durch die er sich literarisch weiterentwickelt → Übergang zu klassischen Idealen
- 1782: Erhebung in den **Adelsstand**
- trotz literarischer Veranstaltungen am „Musenhof" der Herzoginmutter und Kontakten zu Wieland und Herder viele berufliche Verpflichtungen
- 1786–1788: **„Flucht" nach Italien**, wo Goethe sein klassisches Kunstverständnis ausbildet → Umgestaltung des Dramas *Iphigenie* in Versform
- bei Rückkehr nach Weimar Übernahme des Postens eines „Kulturministers" und **Leitung des Weimarer Hoftheaters**
- Beginn des Verhältnisses mit **Christiane Vulpius** (1765–1816) und **Geburt des Sohnes** August (1789)
- 1794: Beginn der **Freundschaft mit Schiller und produktive Zusammenarbeit**, z. B. im **Balladenjahr** 1797, bis zu Schillers Tod 1805 (Epoche der **Weimarer Klassik**)
- 1806: Abschluss von ***Faust I*** und **Hochzeit** mit Christiane Vulpius
- 1825–1831: Vollendung von ***Faust II*** kurz vor seinem Tod am 22. März 1832 (Herzversagen)

## Werkauswahl

- Geschichtsdrama ***Götz von Berlichingen*** (1771): Scheitern des Titelhelden, der für Werte wie Freiheit und Aufrichtigkeit steht, im Kampf gegen Machtpolitik und Intrigen seiner Gegner
- Briefroman ***Die Leiden des jungen Werther*** (1774): Verabsolutierung des Gefühls der Liebe durch den Titelhelden, die sich nicht mit gesellschaftlichen Normen vereinbaren lässt → Selbstmord
- Ideendrama ***Iphigenie auf Tauris*** (1779 Prosafassung/1787 Versform): Sieg der Menschlichkeit über Rache und Grausamkeit
- Bildungsroman ***Wilhelm Meister*** (ab 1795/96): Bildung eines Bürgers als Reifungsprozess
- Autobiografie ***Aus meinem Leben. Dichtung und Wahrheit*** (Band I 1811/1833 vollständige Ausgabe): literarisierte Beschreibung von Goethes Erlebnissen der Jahre 1749 bis 1775

## Auf einen Blick

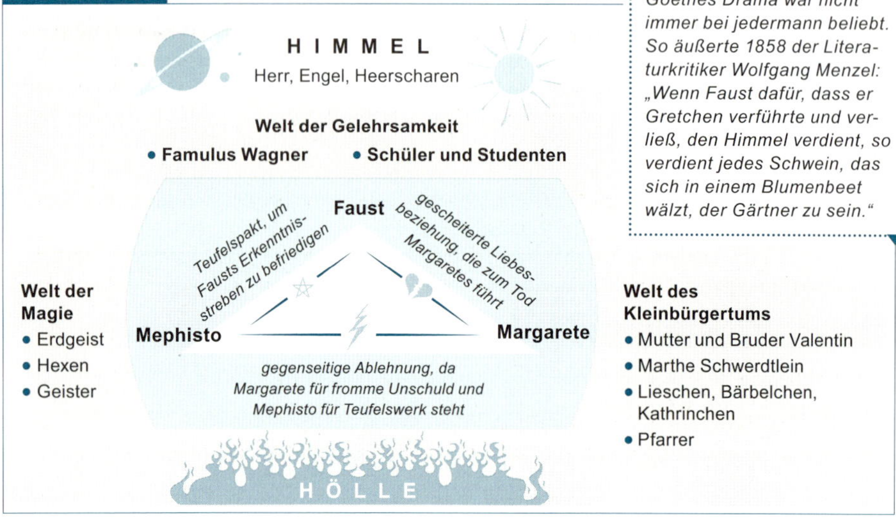


*Goethes Drama war nicht immer bei jedermann beliebt. So äußerte 1858 der Literaturkritiker Wolfgang Menzel: „Wenn Faust dafür, dass er Gretchen verführte und verließ, den Himmel verdient, so verdient jedes Schwein, das sich in einem Blumenbeet wälzt, der Gärtner zu sein."*

## Vorspann

- **Zueignung:** Erinnerungen eines Dichters an vergangene Zeiten und Ideen, die ihn mit neuer Schaffenskraft erfüllen
- **Vorspiel auf dem Theater:** Diskussion darüber, was ein Theaterstück ausmacht:
  – Direktor: ausverkaufte Vorstellungen und volle Kasse → Angebote für jeden Geschmack
  – Dichter: Kunst im Zentrum, für die er Zeit und Muße braucht
  – Lustige Person (Schauspieler): Hinwendung zum vollen Menschenleben
- **Prolog im Himmel:** Disput zwischen Gott und Mephisto über den Menschen → Wette mit Fausts Seelenheil als Einsatz: Mephisto will an Faust Verführbarkeit des Menschen zeigen

## Gelehrtentragödie

- **Nacht:** Monolog des Gelehrten Faust über seine **Verzweiflung**, trotz seiner Studien und des Einsatzes von Magie nicht zu wahrer Erkenntnis gelangen zu können → Heraufbeschwören des **Erdgeists**, der Faust verspottet, weil er ihm nicht standhalten kann → **Selbstmord** als Lösung, von dem ihn österliches Glockengeläut und Chorgesang der Engel abhalten
- **Vor dem Tor:** Osterspaziergang von Faust und dem Famulus Wagner, auf dem Faust sich seiner **inneren Zerrissenheit** zwischen sinnlichen und übersinnlichen Genüssen bewusst wird
- **Studierzimmer I:** erste Begegnung von Faust mit Mephisto und Erwägung eines Teufelspakts
- **Studierzimmer II:** Abschluss des **Pakts zwischen Faust und Mephisto:** Wenn Mephisto Fausts rastloses Streben befriedigen kann und Faust im Augenblick verweilen will, verliert der Doktor sein Seelenheil an den Teufel. → Aufbruch zur Erkundung der Welt
- **Auerbachs Keller in Leipzig:** Reise in die Welt der Sinnenfreuden
- **Hexenküche:** Besuch in Mephistos Welt mit Magie und Hexerei → **Verjüngung** Fausts, der Idealbild einer Frau im Spiegel erblickt = Vorbereitung der Gretchenhandlung

## Gretchentragödie

- **Straße I:** erste Begegnung von **Faust und Margarete**, bei der Faust ihr sein Geleit anbietet, das sie als unschicklich ablehnt → Aufforderung Fausts an Mephisto, ihn mit Margarete zu verkuppeln
- **Abend:** Eindringen von Faust und Mephisto in Margaretes Zimmer, wo Faust von Verliebtheitsgefühlen (aber auch von schlechtem Gewissen wegen Margaretes Unschuld) überwältigt wird → Zurücklassen eines Schmuckkästchens als Geschenk für Margarete, das diese bei ihrer Rückkehr verzückt entdeckt
- **Spaziergang:** Ärger Mephistos über Margaretes Umgang mit dem Schmuck, den ihre Mutter dem Pfarrer aushändigte
- **Der Nachbarin Haus:** Klagen Marthes über ihr Strohwitwendasein; Margarete präsentiert ihr neues Schmuckgeschenk und Mephisto arrangiert ein Treffen zwischen Faust und Margarete
- **Straße II:** Entlarvung von Fausts Scheinheiligkeit durch Mephisto
- **Garten:** Parallelunterhaltungen von Faust und Margarete sowie Mephisto und Marthe
  - Margaretes Erzählungen von ihrer Kindheit und **Befragung des „Blumenorakels"**, das ihr Fausts Liebe bestätigt
  - Versuche Marthes, Mephisto zu einer festen Bindung zu überreden
- **Ein Gartenhäuschen:** Austausch von ersten **Zärtlichkeiten** zwischen Faust und Margarete
- **Wald und Höhle:** Hinwendung Fausts an den Erdgeist und Beschreibung seiner Freude angesichts des Erlebten, dann aber Klagen über Zerstörung seiner inneren Ruhe; Auftauchen Mephistos, der Faust zur Entscheidung anstachelt, Margarete zu verführen
- **Gretchens Stube:** Gesang Margaretes, der ihre Sehnsucht nach Faust offenbart
- **Marthens Garten:** Religionsgespräch von Faust und Margarete, in dem Margarete ihre Zweifel hinsichtlich Mephisto äußert, auf die Faust ausweichend reagiert → Planung einer Liebesnacht
- **Am Brunnen:** Gespräch über Bärbelchen, die nach Liebschaft unverheiratet schwanger ist → Deutlichwerden von **gesellschaftlichen Zwängen und Sanktionen**, die Margarete drohen
- **Zwinger:** Gebet Margaretes, in dem sie Muttergottes um Hilfe bittet
- **Nacht:** Kampf zwischen Faust und Margaretes Bruder Valentin; der tödlich verwundete Valentin wirft seiner Schwester ihren unmoralischen Lebenswandel vor
- **Dom:** Konfrontation Margaretes mit all ihren Sünden – Vergiftung der Mutter durch Schlaftrank, Tod ihres Bruders durch Kampf mit Faust, uneheliche Schwangerschaft
- **Walpurgisnacht:** Versuch Mephistos, Faust durch wildes Treiben auf dem Blocksberg von Margarete abzubringen → Vision Fausts von Margaretes schrecklichem Schicksal
- **Walpurgisnachtstraum:** Theateraufführung auf dem Blocksberg, die Faust von seiner Erschütterung ablenken soll
- **Trüber Tag. Feld:** Drängen Fausts auf Rettung Margaretes, der wegen Kindstötung die Hinrichtung droht
- **Nacht, offen Feld:** Weg von Faust und Mephisto zum Kerker
- **Kerker:** Versuch, Margarete zu retten, die sich aber weigert, Faust und Mephisto zu folgen, weil sie erkennt, dass Faust sie nicht wirklich liebt und mit dem Teufel im Bunde steht → Verkündung von **Margaretes Rettung** durch göttliche Stimme von oben

## Auf einen Blick

Ganz häufig zitieren wir unabsichtlich aus Goethes Drama, wenn wir Sprichwörter wie „zu des Pudels Kern vordringen“ oder „die Gretchenfrage stellen“ verwenden.

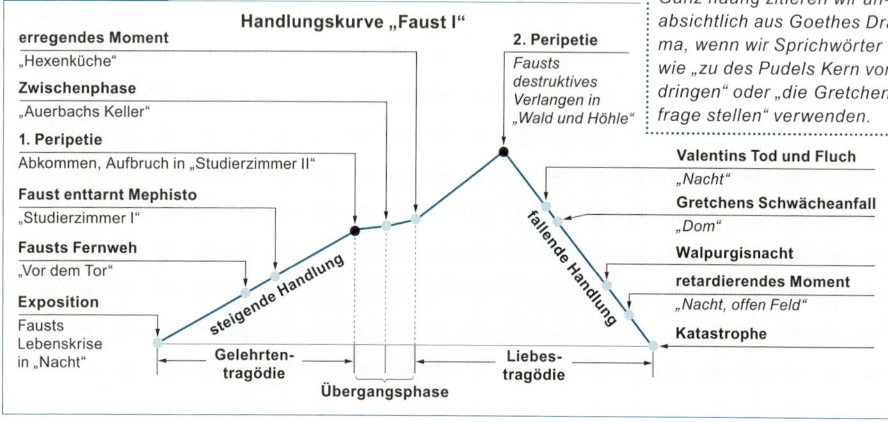


## Schachtelstruktur des gesamten Dramas

- dreiteiliger **Vorspann mit Zoom-Effekt:**
  - Kerngeschehen der irdischen Faust-Handlung rückt schrittweise näher
  - *Prolog im Himmel* als Auftakt zur metaphysischen **Rahmenhandlung**, die sich in höherer Sphäre abspielt → Spannung: Wird sich Faust als guter Mensch erweisen?
  - **Motto** über Gesamtwerk: „Wer immer strebend sich bemüht, den können wir erlösen.“ (*Faust II*) → Gott als Weltenherrscher hält im Hintergrund die Fäden zusammen
- **Binnenhandlung:**
  - **Der Tragödie erster Teil** (*Faust I*) mit Gelehrtentragödie, Übergangsphase (*Auerbachs Keller, Hexenküche*) und Gretchentragödie, Teilabschluss der Rahmenhandlung in der Kerkerszene
  - **Der Tragödie zweiter Teil** (*Faust II*) mit Ende der Binnenhandlung
- Komplettabschluss der Rahmenhandlung mit Fausts Erlösung und Wiedervereinigung von Faust und Margarete im Himmel (*Faust II*)

## Form

- keine Unterteilung in Akte, nur in **Szenen** → Herstellung von Kohärenz durch:
  - **linearen, klaren Aufbau** mit kausal verknüpften Szenen, von denen nur wenige Szenen(teile) entbehrlich sind, z. B. Mephistos Studienberatung oder der Walpurgisnachtstraum
  - **Vorausdeutungen**, z. B. Gesang der Bauern „Wie mancher hat nicht seine Braut / Belogen und betrogen!“ (V. 974 f.)
  - **Spiegelungen und Kontraste**, z. B. Fausts Gefühl des Gefangenseins in seiner Gelehrtenexistenz/Margaretes Gefangensein im Kerker
  - antithetisch gestaltete **Leitmotive**, z. B. Wort und Tat, Wissbegierde und Wissenschaftskritik
- keine durchgehende Konsequenz in Bezug auf die drei Einheiten eines Dramas nach Aristoteles:
  - **keine Einheit des Ortes** wegen häufig wechselnder Schauplätze
  - **Einheit der Zeit nur zu Beginn** in Studierzimmerszenen, später Beschleunigung und Raffung, z. B. Zeit zwischen erster Liebesnacht von Faust und Margarete und Margaretes Haft
  - Einhaltung der **Einheit der Handlung**

- **asymmetrischer Aufbau:** Umschwung zur fallenden Handlung vollzieht sich nicht in der Mitte, sondern es gibt zwei Peripetien
  - **erste Peripetie:** Faust gibt Gelehrtenexistenz auf und bricht mit Mephisto zu Welterkundungstour auf
  - **zweite Peripetie:** Beschluss Fausts, Margarete zu verführen (*Wald und Höhle*)

## Sprache und Stil

- Vorherrschen von **gereimter Sprache**, um unmittelbare Wirkung des Stoffs zu dämpfen (Ausnahme: *Trüber Tag. Feld* in Prosa zeigt Fausts aufgewühlte Gefühlslage, als er von Margaretes Kerkerhaft erfährt)
- **unterschiedliche Versarten**, um Charaktere und Gefühlslagen deutlicher herauszuarbeiten:
  - **Madrigalvers:** geistreicher, flüssiger Plauderton; typisch für Mephisto
  - **Knittelvers:** volkstümlich und bürgerlich-bieder; typisch für Margarete, auch Faust in bestimmten Szenen
  - **freie Rhythmen:** zeigen emotionale Erregung, z. B. von Margarete im Kerker
  - **Blankvers:** getragen und ernst; nur in der Zueignung und in Fausts Monolog (Szene *Wald*)
  - **Alexandriner:** feierlich; selten in *Faust II*
- häufiges Vorkommen von strophischen, lyrischen Formen als **Lieder, Gedichte und Gebete:**
  - Verweis auf **magisch-religiöse Sphäre**, z. B. Geisterstimmen im Studierzimmer oder Gebet Margaretes im Zwinger
  - Verweis auf **volkstümliche Sphäre**, z. B. Margaretes Gesang am Spinnrad

## Gattungsbestimmung und Epochenzugehörigkeit

- Merkmale einer **Tragödie** (v. a. auf inhaltlicher Ebene), z. B. Erlangung tragischer Würde durch Margarete, da sie sich aktiv gegen ihre Befreiung und für ihre Hinrichtung entscheidet
- Merkmale eines **bürgerlichen Trauerspiels**, z. B. Nichtbefolgen der Ständeklausel und gängiges Plotschema (Verführung eines ehrbaren Bürgermädchens durch adeligen Mann)
  ABER: Entlarvung der Doppelmoral des Bürgertums, da Konflikt sich innerhalb des Bürgertums abspielt und Sittsamkeit nur von Frau gefordert wird
- **komödienhafte Ansätze** in der Form durch gebrochenes Pathos: **Wortwitz** Mephistos oder **Situationskomik**
  ABER: Tragik überwiegt
- **Anklänge an mittelalterliche Formen** wie Mysterienspiel und Schwank, z. B. *Prolog im Himmel* oder Derbheiten in der Hexenküche
- *Faust I* als **epochenübergreifendes Werk:**
  - **Aufklärung:** Glaube an menschliche Fähigkeit zur Vervollkommnung, z. B. Fausts Ringen um Erkenntnis
  - **Sturm und Drang:** Aufbegehren gegen gesellschaftliche Zwänge, Geniekult, Thema Kindsmord, Fausts Anspruch auf Erlebnisintensität
  - **Klassik:** Streben nach Harmonie und Humanität, z. B. Faust als Repräsentant der Gattung Mensch, kunstvolle Sprachgestaltung
  - **Romantik:** Hinwendung zum Unbewussten und Rätselhaft-Mythischen, z. B. Fausts innere Zerrissenheit, Auftreten von Geistern und Hexen

## Auf einen Blick

**Philosophisch**
- ambivalente Haltung zu Irrtümern
- Negierung des Fortschrittsglaubens

**Soziologisch**
- Rollenzwänge für Geschlechter
- Doppelmoral des Bürgertums

*Soziale Kontrolle und Ächtung sind auch unserer Gegenwart nicht fremd. Wenn ein Mann z. B. eine wesentlich jüngere Freundin hat, erntet er dafür Bewunderung, dagegen gilt der umgekehrte Fall bei vielen immer noch als anstößig.*

**Kommunikations-theoretisch**
- Gegenüberstellung von Wort und Tat

**Anthropologisch**
- Ambivalenzen des Menschen (z. B. Gut vs. Böse, Geist vs. Körper)
- Mephisto als Alter Ego Fausts
- Wissenschaftskritik

keine Allgemeingültigkeit nur eines Deutungsansatzes, sondern immer Zusammenspiel mehrerer Lesarten

## Philosophische Lesart

- Irren als Begleiterscheinung von Streben: „Es irrt der Mensch so lang er strebt." (V. 317)
- möglicherweise **Angriff auf den Humanismus der Aufklärung**, der von beständiger Höherentwicklung des Menschen ausgeht → **Negierung des aufgeklärten Fortschrittsglaubens**
- Widerspiegelung des Mechanismus der **„Dialektik der Aufklärung":** Umschlagen einer zweckgerichteten Rationalität in Barbarei, z. B. wenn Mephisto dem Herrn vorwirft, den Menschen mit Vernunft ausgestattet zu haben, wodurch dieser „tierischer als jedes Tier" (V. 286) werde
- **ambivalente Haltung zu Irrtümern**, da diese die menschliche Entwicklung auch voranbringen: Mephisto als **notwendiger Widerstand im Prozess des Fortschritts**, ohne den keine Entwicklung möglich wäre
- Irrwege des Menschen auch von Gott gelenkt → **Mephisto als Verkörperung des Bösen** ist integraler **Bestandteil der Schöpfung**
- **Ganzheit vs. Partialität:** Mephisto ist nur ein Teil der Schöpfung, die er gerade durch die ständige Verneinung bestätigt und anerkennt

## Kommunikationstheoretische Lesart

- **Gegenüberstellung von Wort und Tat** bzw. von Sprache und Wirklichkeit: vergeistigtes Gelehrtendasein steht lebenspraller Sinnlichkeit gegenüber
- Drama deckt Vereinfachung dieser Polarität auf, da gezeigt wird, dass **Reden auch Handeln** sein kann genauso wie **Worte manipulieren und täuschen** können
  - z. B. **Verfluchung und Verleumdung Margaretes** durch Valentin führt zu deren Ächtung
  - Faust stellt Ausdrucksfähigkeit der Sprache immer nur dann infrage, wenn es ihm selbst nützt, z. B. **Ausweichen vor Liebeserklärung bzw. vor Religionsgeständnis**
  - Mephisto unterstellt gelehrter Rede Mangel an gedanklicher Tiefe
  - **Jonglieren Mephistos mit Begriffen und Perspektiven**, um seine Zwecke zu verfolgen, z. B. „Ein Teil von jener Kraft, / Die stets das Böse will und stets das Gute schafft." (V. 1335 f.)

  → Drama lehrt durch geistreiche und eloquente Textpassagen, sowohl der Sprache **(Manipulationsgefahr)** als auch denen, die ständig deren Unzulänglichkeit betonen, zu misstrauen

## Soziologische Lesart

- **gesellschaftliche Rahmenbedingungen** machen sexuelle Triebe zu Quelle tragischen Leidens
  → Offenlegung der **Beschränkungen, denen Geschlechterrollen jeweils unterliegen**
  - **Mann als aktiver Teil** erlebt Liebesabenteuer und ist dynamisch auf die Außenwelt gerichtet (z. B. Mephisto und Faust)
  - **Frau ist passiv** und will Mann für Ehe und häusliches Familienleben gewinnen (z. B. Marthe und Margarete)

  → Faust kann nach Affäre mit Margarete zu neuen Abenteuern weiterstreben, während Margarete die Beziehung mit dem Leben bezahlen muss
  ABER: Margarete ist nicht nur passiv, da sie Faust im Kerker anklagt = **Auflösung der traditionellen Geschlechterpolarität**
- Goethe entlarvt **Doppelmoral des Bürgertums**, da er Kluft zwischen Faust und Margarete innerhalb des Bürgertums verortet (Drama spielt nicht tugendhaftes Bürgertum gegen verwerflichen Adel aus): Faust fühlt sich Margarete überlegen, die für ihn nur kurzes Abenteuer ist, wodurch er ihr Leben zerstört
- Liebestragödie ist **Attacke auf inhumanen Sittenkodex** der bürgerlichen Gesellschaft: **Kindsmord** = Verzweiflungstat einer von Ächtung bedrohten Frau → **Gesellschaftskritik**, die Margarete nicht explizit formulieren kann, wird durch ihr Leiden ausgedrückt

## Anthropologische Lesart

- **Faust als Repräsentant des gesamten Menschengeschlechts** auf seiner Odyssee durch die Geschichte (v. a. in *Faust II*)
- Darstellung der **Ambivalenz des Menschen:**
  - Gut vs. Böse
  - Geist vs. Körper
  - Lebensbejahung vs. -zerstörung
  - innere Unendlichkeit vs. äußere Begrenztheit

  → Wie kann man den richtigen Weg finden? – Mensch muss über Maß und Entsagen **beide Seiten in Einklang** bringen (Ideal der Klassik)
- **Mephisto als Alter Ego Fausts**, das das Böse und den Nihilismus in jedem einzelnen Menschen verkörpert: Faust-Figur zeigt Widersprüchlichkeit des Lebens und Vieldeutigkeit der Wirklichkeit
- **Faust als Symbol für Selbstüberschätzung und Hochmut** des Menschen, die ins Verderben führen müssen → **Teufelspakt** = ungehemmtes Ausleben dämonischer Bestrebungen im Menschen selbst, weshalb sich Mephistos Auftreten aus Fausts innerer Einstellung ergibt
- **Wissenschaftskritik**, z. B. Mephistos sarkastische Studienberatung, und **Kritik an unbedingtem Erkenntnisstreben**, das auch Teufelspakt in Kauf nimmt: Faust will wissen, „was die Welt / Im Innersten zusammenhält" (V. 382 f.), und stürzt dadurch sich selbst und Margarete ins Verderben → Faust ist nicht nur vorbildlicher Tatmensch, sondern sein **ungezügelter Wille zur Herrschaft** über Naturkräfte macht ihn für Schwarze Magie verführbar → Streben nach Gottgleichheit **führt zu Vermessenheit**

## Auf einen Blick

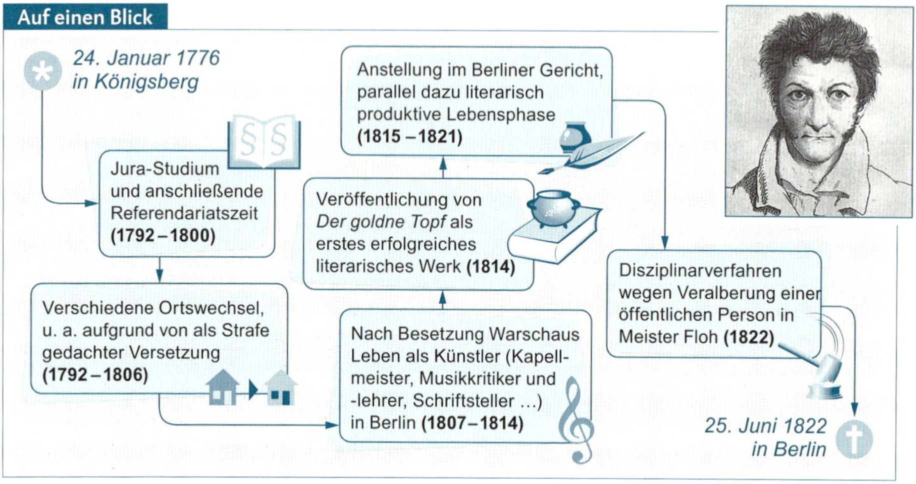


## Kindheit und Jugend (1776 – 1792)

- Geburt am 24. Januar 1776 in Königsberg (Preußen)
- **Vater** Christoph L. Hoffmann: Anwalt am Königsberger Hofgericht; **Mutter** Luise A. Doerffer
- im Alter von zwei Jahren: **Trennung** der Eltern → Umzug mit der Mutter in deren Elternhaus
- ab 1782: Besuch der reformierten Burgschule in Königsberg, dort Beginn der langen **Freundschaft mit Th. G. Hippel**

## Studien- und Referendariatszeit (1792 – 1800)

- ab 1792: Jura-Studium an der **Albertus-Universität Königsberg** – zusammen mit Hippel
- 1795: **erstes juristisches Staatsexamen**, danach **Referendar** am Obergericht Königsberg
- während der Studienzeit **künstlerisches Engagement:** Schreiben (keine Werke dieser Zeit sind erhalten), Musik (z. B. Ausbildung zum Organisten) und Zeichnen
- 1796: Bekanntwerden seiner Liebe zur älteren, verheirateten Musikschülerin Dora Hatt → Versetzung nach Glogau
- 1798: **zweites juristisches Staatsexamen** (Note „vorzüglich") → Antritt einer **Referendariatsstelle** am **Berliner Kammergericht**
- **Verlobung** mit Kusine **Minna Doerffer**
- 1800: **drittes juristisches Staatsexamen** (Note „vorzüglich")

## Arbeitsleben als Jurist in Posen, Płock und Warschau (1800 – 1806)

- 1800: Antritt einer Stelle als **Gerichtsassessor** (Richter auf Probe) in Posen (Preußen)
- Kennenlernen der Polin Marianne Th. M. Rorer
- Silvester 1800: erste Aufführung eines musikalischen Werkes (eine Kantate) von Hoffmann
- 1802: **Auflösung der Verlobung** mit Minna Doerffer und **Hochzeit** mit M. Th. M. Rorer
- 1802: **(Straf-)Versetzung** nach **Płock** wegen Karikaturen über Posener Offiziere
- 1804: Ernennung zum Regierungsrat in **Warschau** (auf Hippels Initiative)
- Beginn der Freundschaft mit J. Hitzig → Kontakt mit den literarischen Werken der Romantiker

- 1806: Französische Besetzung der Stadt durch Napoleon → Verlust der Arbeit wegen Weigerung, auf die neue Regierung einen Eid abzulegen → Rückkehr nach Berlin

## Leben als Künstler in Berlin, Bamberg und Dresden (1807–1814)

- in **Berlin** finanziell **schwierige Lebensbedingungen:** Arbeit als Musiker, Zeichner und Autor
- 1808: Übernahme der Stelle des **Kapellmeisters** am Theater **Bamberg**, die er aber wegen Intrigen nach zwei Monaten wieder verlassen muss
- Beschäftigung als **Musiklehrer** – u. a. von Julia Marc, einem 15-jährigen Mädchen, in das Hoffmann sich verliebt und das er in seinen Werken in verschiedenen Formen literarisiert
- 1809: Veröffentlichung der **ersten wichtigen Erzählung** *Ritter Gluck* (1809) → verstärkte Hinwendung zum literarischen Schaffen (u. a. Prosatexte mit dem Kapellmeister Johannes Kreisler)
- Verfassen von Musikkritiken (für die Leipziger *Allgemeine musikalische Zeitung*)
- 1813: Umzug nach **Dresden** mit Aussicht, eine Erzählsammlung zu veröffentlichen → **Vertrag** vom 18. 3. 1813 mit Bamberger Verleger Carl Fr. Kunz: *Fantasiestücke in Callot's Manier*
- Spätsommer/Herbst 1813: **intensive Arbeit** an *Der goldne Topf* und anderen Teilen der mehrbändigen *Fantasiestücke* in Dresden, während in der Nähe Kämpfe gegen Napoleon stattfinden
- vorübergehend Stelle als Musikdirektor bei J. Secondas Operngesellschaft (Dresden/Leipzig)
- 4. 3. 1814: Beendigung der Niederschrift von *Der goldne Topf*, der noch im gleichen Jahr erscheint
- *Fantasiestücke* als Beginn der stärkeren öffentlichen Wahrnehmung Hoffmanns als Schriftsteller

## Arbeitsleben als Jurist in Berlin (1814–1822)

- 1814: Antritt einer Stelle als **Richter** im **Berliner Kammergericht**
- Veröffentlichung des Romans *Die Elixiere des Teufels* (1815/16) und der Erzählsammlung *Nachtstücke* (1816/17)
- Uraufführung seiner Oper *Undine* im Nationaltheater Berlin
- 1816: Beförderung zum **Kammergerichtsrat** in Berlin
- 1816–1821: **produktive Zeit** mit **zahlreichen literarischen Veröffentlichungen**
- ab 1819: erste Anzeichen einer schweren **Erkrankung**
- gegen seinen Willen Ernennung zum Mitglied einer Kommission, die **gegen politische Störenfriede** vorgehen soll → Engagement Hoffmanns für die Betroffenen
- Zensur seiner Erzählung *Meister Floh* (1822), da Hoffmann sich darin über den Ministerialdirektor des Polizeiministeriums lustig macht → **Disziplinarverfahren** gegen Hoffmann
- Tod Hoffmanns am 25. Juni 1822 aufgrund der Folgen seiner Rückenmarkserkrankung

## Werkauswahl

- Erzählung ***Der Sandmann*** (1816): Geschichte, in der sich die Hauptfigur in eine Menschenpuppe verliebt, sich von einem mysteriösen Mann heimgesucht sieht und sich später selbst tötet
- Kunstmärchen ***Klein Zaches, genannt Zinnober*** (1819): Hofkarriere eines verkrüppelten Menschen, der wegen eines Zaubers als Verkörperung von Kultur und Niveau wahrgenommen wird
- satirischer Roman ***Lebensansichten des Katers Murr*** (1819–21): kunstvolle Verschränkung der Biografie des Kapellmeisters Kreisler und der Autobiografie eines Katers
- Kriminalnovelle ***Das Fräulein von Scuderi*** (1820): Entlarvung eines Goldschmieds als Mörder, der – von der eigenen Kunst besessen – sein „Werk“ nicht dem Kunden überlassen kann

## Auf einen Blick

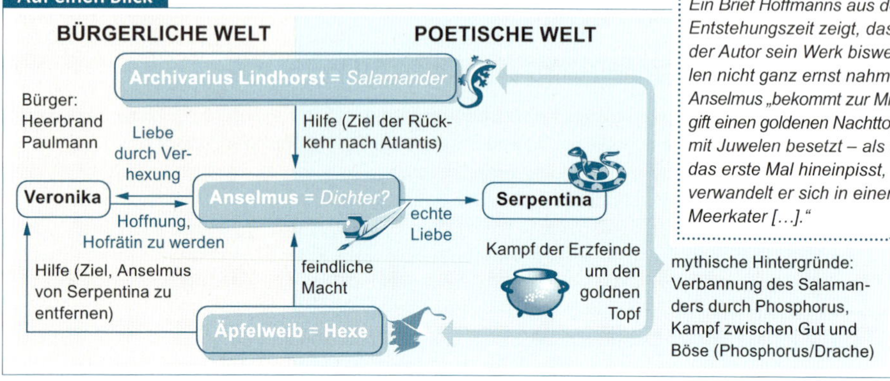


*Ein Brief Hoffmanns aus der Entstehungszeit zeigt, dass der Autor sein Werk bisweilen nicht ganz ernst nahm: Anselmus „bekommt zur Mitgift einen goldenen Nachttopf mit Juwelen besetzt – als er das erste Mal hineinpisst, verwandelt er sich in einen Meerkater […].“*

## 1. Vigilie

- Dresden am Himmelfahrtstag
- **Prophezeiung** durch ein **Äpfelweib**: dem Studenten Anselmus stehe ein „Fall ins Kristall“ bevor
- Erscheinen dreier goldgrüner **Schlänglein** in einem Holunderbaum → **Verzückung** Anselmus’

## 2. Vigilie

- Anselmus’ Bootsfahrt mit Registrator Heerbrand, Konrektor Paulmann und dessen Tochter Veronika → erneute Vision von den drei Schlänglein
- Vorschlag Paulmanns und Heerbrands an Anselmus: Arbeit als **Kopist** bei **Archivarius Lindhorst**
- Verhinderung der ersten Begegnung mit Lindhorst durch verhexte Klingelschnur und Türklopfer

## 3. Vigilie

- **mythische Erzählung** Lindhorsts von Phosphorus, der die geliebte Feuerlilie im Kampf gegen einen schwarzen Drachen wiedergewinnen konnte → Heerbrands Abwertung der Erzählung als Schwulst → Lindhorsts Bestehen auf Realitätsgehalt → emotionale Berührtheit Anselmus’
- Heerbrand vermittelt Begegnung Anselmus’ mit Lindhorst, der diesen beschäftigen will

## 4. Vigilie

- Anselmus in **melancholisch-sehnsüchtiger Stimmung** wegen **Liebe zu dem Schlänglein**
- Gespräch mit Lindhorst:
  - **Schlänglein = Lindhorsts Töchter** → Anselmus habe sich offenbar in Serpentina verliebt
  - Aussicht für Anselmus: bei guter Kopistentätigkeit **Begegnung mit seinen Töchtern**
  - Zugang zu seinem Haus dank Flüssigkeit, die gegen bösen Zauber an der Tür wirke

## 5. Vigilie

- **Tagtraum Veronikas** von gemeinsamer Zukunft mit Anselmus, den sie sich als **Hofrat** vorstellt
- Beeinträchtigung des Tagtraums durch eine feindliche Gestalt, die sich in ihre Vision drängt
- Veronikas Suche nach **Hilfe bei Frau Rauerin** (= Äpfelweib) → Offenbarung durch Äpfelweib: **Lindhorst ist ihr Erzfeind** und hat Anselmus an sich gebunden → Plan, die Bindung zu brechen

## 6. Vigilie

- problemloser Zugang Anselmus' zu Lindhorsts zauberbehaftetem Haus mithilfe der Flüssigkeit
- blauer Saal: **goldener Topf**, in dem Anselmus seine erste Begegnung mit dem Schlänglein sieht
- müheloses Gelingen der schweren Kopierarbeiten mit Lindhorsts magischem Schreibwerkzeug
- Erklärung Lindhorsts, dass der Liebe zwischen Anselmus und Serpentina **feindliche Kräfte** entgegenstünden → Möglichkeit, diese durch **Beständigkeit der Liebe zu Serpentina** zu besiegen

## 7. Vigilie

- auf freiem Felde **Zauberritual Veronikas mit der Rauerin** → Gießen eines Metallspiegels
- fieberhafte Zustände Veronikas

## 8. Vigilie

- **Lindhorsts Warnung**: großes **Unheil** bei auch nur noch so **kleinem Kopierfehler**
- Ermutigung durch Lindhorst: Erfolg durch Beständigkeit der Liebe zu Serpentina
- **Erscheinen Serpentinas** bei Kopierarbeit und **mythische Erzählung:**
  - Geschichte ihres Vaters, der (eigentlich ein Salamander) von Phosphorus aus Atlantis **verbannt** worden sei, weil er dessen Garten nach Verlust seiner Geliebten, einer Schlange, verheert hätte
  - Vermählung Serpentinas mit Mann mit **poetischem Gemüt** → Beendigung der Verbannung
  - goldener Topf als Spiegel des **wundervollen Lebens im Zauberreich**
- Anselmus' Liebesgeständnis, Serpentinas Warnung vor Drachen (von dem Äpfelweib abstammt)

## 9. Vigilie

- **Auswirkung des Zaubers** von Veronika: Anselmus **denkt immer mehr an sie**
- Anselmus' Blick in Veronikas **Metallspiegel** (Geschenk des Äpfelweibs) → Liebesbegehren und **Heiratsversprechen** gegenüber Veronika → Abwertung der mythischen Welt als **Einbildung**
- ausartende Abendgesellschaft (Paulmann, Heerbrand, Anselmus): Rausch dank Punsch
- Veränderung von Lindhorsts zuvor wunderbarem Haus hin zum Normalen
- **Klecks bei Kopierarbeit** → Anselmus wird in eine **Kristallflasche** eingesperrt

## 10. Vigilie

- Anselmus erkennt eigenen Fehler: **Abkommen vom Glauben an die Liebe zu Serpentina**
- Angebot des Äpfelweibs, ihn bei Entscheidung für Veronika zu befreien → Anselmus' Absage
- eigentliches **Anliegen des Äpfelweibs:** Zerstörung Serpentinas, Besitz des **goldenen Topfes**
- **„Endkampf": Vernichtung des Äpfelweibs durch Lindhorst**
- Befreiung Anselmus' aus der Flasche → **Vereinigung mit Serpentina**

## 11. Vigilie

- Heerbrand hält als neu ernannter Hofrat um die Hand Veronikas an → Veronikas Einwilligung

## 12. Vigilie

- Anselmus' und Serpentinas **Leben im Wunderreich Atlantis** → Anselmus ist nun **Dichter**
- **Selbstzweifel** des Erzählers, von Atlantis erzählen zu können → Lindhorst lässt ihn mit einem Zauber Anselmus und den goldenen Topf erblicken → **Sehnsucht des Erzählers nach Atlantis**

## Auf einen Blick

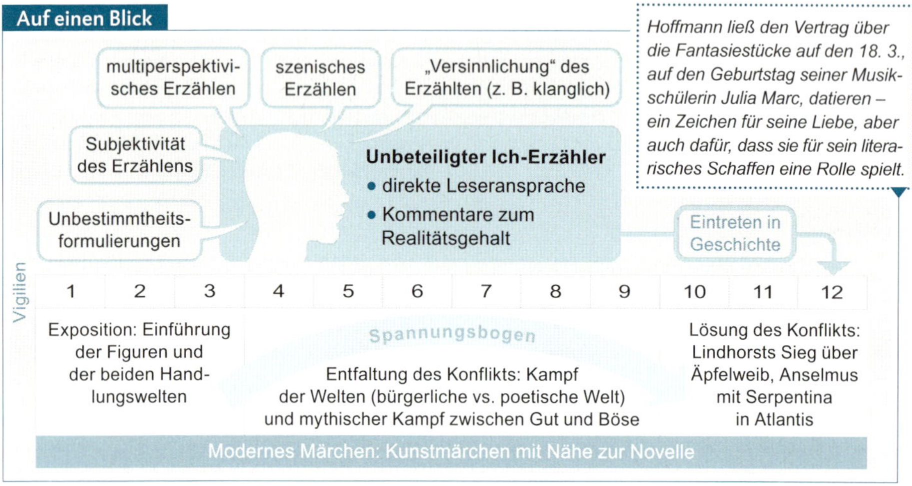


## Aufbau und Struktur

- **zwölf Vigilien** – lateinisch für „Nachtwache" (→ Hinweis auf die in der vierten Vigilie konkretisierte Schreibsituation des Erzählers)
- **Schlagwörter zu Beginn** jeden Kapitels → ironisch zu verstehen, da keine Inhaltszusammenfassung, sondern Nennung banaler Details
- **Spannungsbogen:**
  - **Exposition** in den Vigilien 1–3: **Einführung der Figuren** und der **beiden Welten** (bürgerliche Welt und mythisch-poetische Welt)
  - **Entfaltung des Konflikts** in den Vigilien 4–9: **Kampf der Welten** (Student oder magischer Kopist? Zukünftiger Hofrat oder Poet?) und **Kampf von Gut und Böse um Anselmus** (Sieg des Äpfelweibs oder Lindhorsts?) → mit retardierendem Moment (Zuwendung zu Veronika)
  - **Lösung** in den Vigilien 10–12: **Besiegen des Äpfelweibs** durch Lindhorst, Veronikas Einwilligung in Heirat mit Heerbrand, **Anselmus als Dichter mit Serpentina in Atlantis**
- erzählerischer Wechsel zwischen Fokus auf poetischer Welt (Vigilie 4, 6, 8, 10) und auf bürgerlicher Welt (Vigilie 5, 7, 9, 11) → Spiegelung der Polarität der Wirklichkeiten

## Erzählweise

- **unbeteiligter Ich-Erzähler:**
  - Erzählen der Geschichte des Studenten Anselmus in der **Er-Form**
  - **Reflexionen des Ich-Erzählers:** direkte Ansprache des Lesers, Bekräftigung des Realitätsgehalts der wundersamen Begebenheiten (insbesondere zu Beginn der 4. Vigilie)
- **multiperspektivisches Erzählen** im Sinne des Wechsels der Erzählperspektive:
  - Zurücktreten des allwissend scheinenden Erzählers zugunsten **personalen Erzählens**
  - **Subjektivität** der Wahrnehmung: Verunsicherung beim Leser hinsichtlich des Realitätsgehalts
  - teilweise gleiche Begebenheit oder Person aus mehreren Perspektiven dargestellt
- **Wechsel der Sichtweise** auch innerhalb der Figuren (beispielsweise bei der Raumwahrnehmung: Hexenküche der Rauerin ist zugleich eine gewöhnliche Stube)

- kunstvolle Erzählung von Verwandlungen (z. B. Menschen in Tiere) bzw. Transformationen
- Darbietungsformen:
  - **direkte Gedankenwiedergabe:** unvermittelte Darstellung des Innenlebens
  - Erzählerbericht in Verbindung mit **personalem Erzählen**
  - Elemente **szenischen Erzählens:** z. B. direkte Rede und ausgeprägte Schilderung von Gestik und Mimik → theatralisches Mittel
- Rückgriff auf Symbole: goldener Topf, Kristallspiegel, Schlange

## Sprache

- **Unbestimmtheitsformulierungen** (z. B. andeutende Vergleiche, Darstellung von Gefühls- und Gedankenverwirrung, Verb „scheinen") – Verunsicherung der Realitätswahrnehmung bei Figuren und Leser
- häufige **Stilmittel:**
  - **Synästhesien** → Widerspiegelung einer ganzheitlichen, mehrere Sinne umfassenden Wahrnehmung
  - **Lautmalereien** → Vergegenwärtigen der Geräusche der Natur
  - **Personifikationen** → sprechende Natur als Zeichen der Beseeltheit der Welt
  - **Vergleiche** → als Ausgangspunkt für Darstellung von Metamorphosen
  - **Wiederholungen** → Intensivierungen (insbesondere bei Ansprache durch wunderbare Wesen)
- starke Präsenz von Begriffen aus dem Bereich der **Musik** bzw. der **Geräusche** (auch für die Bildung von Metaphern) → sinnliche Vergegenwärtigung
- teilweise recht lange Sätze mit **komplexer Syntax**
- **Sprache der Philister** (bürgerlich-floskelhafte, gestelzte Sprache) vs. **Sprache der Poesie** (Lautmalereien, Alliterationen, Binnenreime etc.) → Widerspiegelung der zwei Wirklichkeiten
- große **visuelle Kraft** der Sprache (z. B. durch auf Farben und Lichteffekte bezogene Wörter)

## Gattungs- und Epochenzugehörigkeit

- **Kunstmärchen:**
  - Untertitel des Textes: „Ein Märchen aus der neuen Zeit" → Verknüpfung zweier eigentlich widersprüchlicher Wendungen: „**Märchen**" (historisch nicht verortbar) und „**neue Zeit**" (historische Situierung)
  - **Märchenelemente:** wundersame Begebenheiten; Kampf zwischen Gut und Böse; magische Dinge (z. B. Metallspiegel, goldener Topf); fantastische Figuren und Verwandlungen; Happy End
  - kunst- und anspruchsvolle Erzählung; z. T. komplexe Sprache und Passagen
- Nähe zur **Novelle:**
  - unerhörte Begebenheit des Kampfes zwischen Lindhorst und Äpfelweib
  - Dingsymbol des goldenen Topfes
- Zuordnung zur **Epoche der Romantik:**
  - **typische Epochenmotive:** Träume, Sehnsucht, Verwandlungen, Macht des Unbewussten und des Wunderbaren, Natur als Sehnsuchtsort etc.
  - gegen Aufklärung: Betonung des **rational nicht zu Erschließenden**
  - Schaffen einer eigenen **poetischen Wirklichkeit** → mit **Selbstreflexion des Erzählens**
  - Illusionsbrüche durch **romantische Ironie**
  - **Hochschätzung** der Gattung Märchen

## Auf einen Blick

**Psychologisch/Psychoanalytisch**
- Anselmus als psychisch Kranker
- Serpentina als unbewusster, weiblicher Seelenanteil

**Biografisch**
- Julia Marc als Vorbild für Serpentina
- geistige Flucht aus realhistorischer Situation

**Poetologisch**
- Entwicklung zum Dichter
- Durchdringung von Realität und Poesie

**Philosophisch**
- Nähe zu Schuberts Naturphilosophie
- Infragestellung der Entsprechung von äußerer und innerer Wirklichkeit

**Soziologisch**
Widerstreit zwischen bürgerlichem und künstlerischem Lebensentwurf

keine Allgemeingültigkeit nur eines Deutungsansatzes, sondern immer Zusammenspiel mehrerer Lesarten

*Goethe notierte nach Lektüre des „Goldnen Topfes“ in sein Tagebuch: „Den goldnen Becher angefangen zu lesen. Bekam mir schlecht; ich verwünsche die goldnen Schlängelein“. Er hatte allerdings auch nur die englische Übersetzung gelesen.*

## Biografische Lesart

- **Julia Marc**, Musikschülerin des Autors, als **Vorbild für viele Frauengestalten** Hoffmanns, v. a. auch für die Gestaltung Serpentinas → literarische Artikulation **persönlicher Sehnsüchte**
- **biografische Verschlüsselung:** Anselmus = Name des Schutzheiligen für den 18. März (= Julia Marcs Geburtstag)
- Situation in Dresden zum Zeitpunkt des Schreibens → **fantasievolle Märchenwelt** als Möglichkeit, gedanklich aus der bedrückenden **Kriegswirklichkeit** um und in Dresden zu **entfliehen**
- Anselmus **zwischen Kunst und Bürgerlichkeit:** Spiegelung von Hoffmanns Position zwischen **künstlerischem Leben** (u. a. als Komponist, Kapellmeister und Schriftsteller) und **bürgerlichem Leben** (als Jurist und Beamter)

## Poetologische Lesart

- Anselmus' Geschichte als Geschichte von der **Entwicklung zum Dichter:**
  - Anselmus' **Persönlichkeit als Voraussetzung:** dank „kindliche[m] poetische[n] Gemüt“ Offenheit für das Poetische, für das Traumhaft-Wunderbare, für Serpentina
  - Ausbildung/Reifung zum Dichter bei Lindhorst: Anselmus zunächst als **Kopist** (→ handwerkliche Fähigkeiten), der zusehends die fremde Sprache (die Ursprache) versteht; Anselmus dann als **Erzähler eines Mythos** aus der anderen Welt – inspiriert von Serpentina → neben handwerklichen Fähigkeiten bedarf es der **Inspiration** (einer Muse), um dichten zu können
  - Eingang in Atlantis als **Reich poetischer Existenz**
- **Selbstreflexionen** des Erzählers über das Erzählen: Wissen um Skepsis des Lesers hinsichtlich des Realitätsgehaltes des Erzählten → Bekräftigung der Wahrhaftigkeit
- Erzähler als Figur der 12. Vigilie: Erkenntnis, dass **Poesie und Realität** einander nicht ausschließen (Erzähler gleichzeitig in Dresden und in Atlantis) → Umsetzung des romantischen Ideals: Poetisierung des Lebens
- **dialektisches Verhältnis** von **Dichtung und Leben** bzw. **Realität und Idealität:** beide Sphären verweisen jeweils aufeinander

## Psychologische/psychoanalytische Lesart

- Anselmus als **psychisch Kranker mit schizophrenen und melancholischen Zügen:** z. B. Wechsel zwischen zwei Wahrnehmungswelten bzw. verzerrte Weltwahrnehmung, Verfolgungswahn, Halluzinationen, Verzweiflung und Einsamkeitsempfindungen, große Einbildungskraft → Anselmus' Übertritt ins Reich Atlantis als Suizid
- **Tiefenpsychologie: Serpentina** als **Personifikation des Unbewussten** und als **Anima** (Begriff des Psychoanalytikers C. G. Jung: beim Mann weiblicher Seelenteil und inneres Idealbild einer Frau, das nach außen auf reale Frauen projiziert wird)
- **narzisstische Züge:** Serpentina als Teil von Anselmus' „poetischem" Innenleben → insofern Verehrung Serpentinas eigentlich Verehrung des eigenen poetischen Geistes
- Werk als **künstlerische Fantasie gelingender Liebe** im Gegensatz zur unmöglichen Liebe zu Julia Marc in Hoffmanns Leben

## Philosophische Lesart

- Anklänge von Hoffmanns Werk an die (romantische) **Naturphilosophie G. H. v. Schuberts:**
  - Traumsprache als bilderhafte Sprache, die der **Natur des Geistes** näher ist als die Wortsprache
  - Verwandtschaft der Traumsprache mit der Poesie
  - Annahme eines **glücklichen**, mit der Natur eng verbundenen **Urzustandes** (auch als „Goldenes Zeitalter" bezeichnet), von dem sich die Menschheit entfremdet hat
  - **Wiedererlangung dieser Zeit** spiegelt sich in der **Rückkehr Lindhorsts in das Phosphorus-Reich** und in **Anselmus' Ankunft in Atlantis**
- Sehnsucht nach der **All-Einheit des Seins** und nach verlorener Einheit von Poesie und Leben:
  - Wunsch nach Vereinigung mit der Natur bereits spürbar in der Holunderbaum-Szene
  - Behauptung der **All-Einheit am Ende der Erzählung:** „Ist denn überhaupt des Anselmus Seligkeit etwas anderes, als das Leben in der Poesie, der sich der heilige Einklang aller Wesen als tiefstes Geheimnis der Natur offenbaret?"
- Kritik an Aufklärung:
  - kein Geschichtsmodell, das von Fortschritt ausgeht, stattdessen Entfremdung von Urzustand (s. o.)
  - **Würdigung des Irrational-Intuitiven** gegenüber dem Rational-Faktischen
  - Aufwertung der **Kraft des Glaubens** (im Sinne von Serpentinas Devise: „glaube, liebe, hoffe!")
- Erkenntnistheorie: **Verunsicherung der Überzeugung**, dass menschliche Erkenntnis eine objektive **Abbildung der äußeren Wirklichkeit** darstelle

## Soziologische Lesart

- kritische Auseinandersetzung mit dem erstarkenden Bürgertum und vor allem mit dem Typus des Philisters
- **Bürgertum vs. Künstlerschaft:** Widerstreit zweier Lebenskonzepte → Gebundenheit vs. Ungebundenheit; gesellschaftlicher Aufstieg vs. Selbstverwirklichung; Zweckehe vs. Seelenliebe
- **Genderorientierte Perspektiven:**
  - Widerspiegelung der **Abhängigkeit der Frau** vom Mann: Veronika kann nur als Frau eines Hofrats Hofrätin werden – dabei aber aktives Betreiben dieser Form der „Karriere" (Suche nach Unterstützung durch dunkle Mächte)
  - Frauenbilder: **Idealisierung** der Frau (Serpentina) und **Dämonisierung** der Frau (Äpfelweib)

## Auf einen Blick

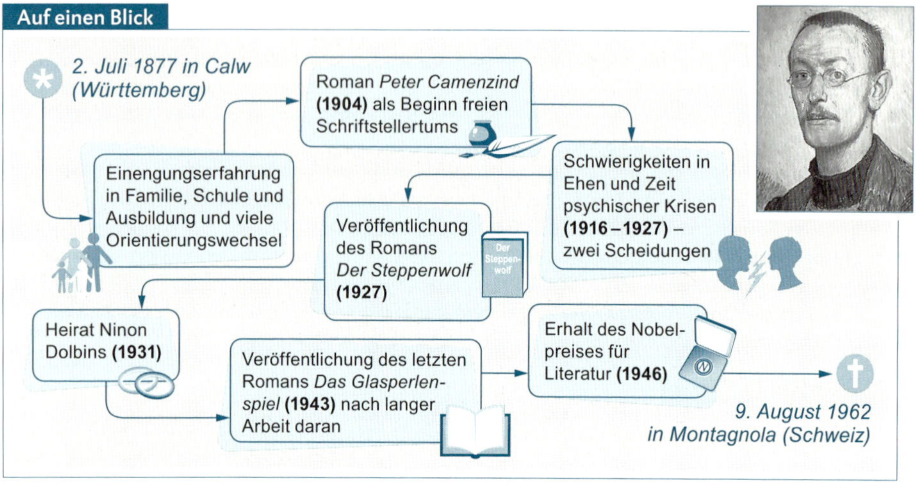


## Kindheit, Jugend und Ausbildung (1877–1898)

- Geburt am 2. Juli 1877 in Calw (Württemberg) als Sohn eines Missionars
- Ausrichtung des Lebens am **Pietismus** (eine protestantische Bewegung): einengende Erziehung, Dominanz **religiöser Lebensweise**, abschottende Frömmigkeit
- 1881–1886: vorübergehender Wohnort Basel – dort auch Beginn der Schulzeit
- ab 1886 Besuch des Reallyzeums (Realschulform) in Calw, ab 1890 der Lateinschule in Göppingen – Abschluss des Landexamens 1891 → Voraussetzung für kostenlose Pfarrer-Ausbildung
- 1891/92: **theologische Ausbildung** am Seminar des evangelischen Klosters Maulbronn → Gefühl **großer Einengung** → **Selbsttötungsversuch**
- anschließend Besuch verschiedener Einrichtungen, u. a. des Gymnasiums in Cannstatt → Abbruch der Schule durch den **rebellisch** auftretenden Schüler
- stetige **Verschlechterung des Verhältnisses zu seinen Eltern**
- 1894/95: Praktikum als Mechaniker in einer Turmuhrenfabrik
- 1895–1898: **Buchhändlerlehre** (Tübingen)
- 1896: **erste Veröffentlichung eines Gedichts**

## Tübingen, Basel und Bodensee (1898–1919)

- ab 1898: Weiterbeschäftigung als Sortimentsgehilfe in der Tübinger Buchhandlung
- 1898/99: erste größere literarische Publikationen (u. a. Gedichtband) – kein wirtschaftlicher Erfolg
- ab 1899: Umzug nach **Basel** – Anstellungen in Buchhandlungen (unterbrochen von Italienreise)
- **zunehmend schriftstellerische Tätigkeit:** Veröffentlichung kleinerer literarischer Arbeiten
- 1903: Kennenlernen der Basler Fotografin **Maria Bernoulli** → 1904: **Beginn der Ehe**, aus der **drei Söhne** hervorgehen werden (1905: Bruno; 1909: Heiner; 1911: Martin)
- 1904: **erster großer literarischer Erfolg** – Roman *Peter Camenzind* mit biografischen Zügen → Beginn der Arbeit als **freier Schriftsteller**; Umzug nach Gaienhofen (am Bodensee)
- 1906: Erzählung *Unterm Rad* → Verarbeitung der bedrückenden Erlebnisse in Schule/Ausbildung

- ab etwa 1907: **Gefühl familiärer Einengung** → **Reisen**, u. a. nach Indien (1911) → nach Rückkehr Schwierigkeit, weiter auf dem Land zu leben → Umzug nach Bern (1912)
- **psychische Krisen** der Eheleute als zusätzliche Belastung (u. a. wegen Tod von Hesses Vater) → psychoanalytische Behandlung Hesses
- Hesse als **Kriegsgegner** in den Jahren des Ersten Weltkriegs (1914–1918)
- 1917: Arbeit an dem Roman *Demian* (1919) – u. a. Verarbeitung der psychoanalytischen Therapie
- 1919: **Trennung von Maria Bernoulli** (Scheidung 4 Jahre später) → Auseinandersetzung mit dieser Erfahrung in der Erzählung *Klein und Wagner* (1919)

## Leben im Tessin (1919–1962)

- Versuch der Bewältigung der Lebenskrise u. a. durch **Umsiedelung ins Tessin** (Schweiz)
- Inspiration durch neue Lebensumstände und durch die Landschaft der neuen Heimat: Malerei und Veröffentlichung der Erzählung *Klingsors letzter Sommer* (1920) mit biografischen Bezügen
- 1919–1922: (immer wieder unterbrochene) Arbeit an der Erzählung *Siddhartha* (1922) → Bezüge zu seiner Indienreise, vor allem aber Ausdruck von Hesses innerer Suche nach Harmonie
- 1924: Erhalt der Schweizer Staatsbürgerschaft; **Hochzeit mit Ruth Wenger**
- Ehe erneut mit **Krisen** (und auch Suizidgedanken) verbunden → Kuraufenthalte und wiederum psychoanalytische Therapie
- 1925–1927: Arbeit am späteren **Erfolgsroman *Der Steppenwolf*** (1927) – Verarbeitung seiner **Lebenskrise** und kritische Auseinandersetzung mit der **einschnürenden bürgerlichen Welt**
- zunächst Arbeit an Gedichten, die Hesse ursprünglich in den Roman einbinden wollte, dann aber gesondert als **Gedichtband *Krisis*** (1928) veröffentlichte
- Mai 1927: **Vorabdruck** des *Tractats vom Steppenwolf* in der *Neuen Rundschau*
- 1927: **Scheidung von Ruth Wenger**; erste Hesse-Biografie von Hugo Ball (zum 50. Geburtstag)
- Intensivierung des Kontakts zu der Kunsthistorikern Ninon Dolbin
- 1930: Veröffentlichung der Erzählung *Narziß und Goldmund*
- 1931: **Hochzeit mit Ninon Dolbin** → Umzug in gemeinsames Haus
- 1932–1943: Arbeit an dem Roman ***Das Glasperlenspiel*** (1943) – unter anderem als **gedanklicher Rückszugsort** angesichts des Grauens des Zweiten Weltkriegs und der Nazi-Herrschaft
- intensive **Künstlerfreundschaft** mit dem Maler Gunter Böhmer
- Einstufung von Hesses Werken in Nazideutschland als „unerwünscht"
- ab 1943: **Verschlechterung des Gesundheitszustandes** (u. a. Sehschwäche) → zunehmender Rückzug aus literarischem Leben: **keine größeren literarischen Veröffentlichungen mehr**
- wichtige Ehrungen: *Literaturnobelpreis* (1946), *Friedenspreis des Deutschen Buchhandels* (1955)
- ab Dezember 1961: rapide Verschlechterung des Gesundheitszustandes (u. a. Leukämie)
- Tod infolge eines Schlaganfalls am 9. August 1962

## Werkauswahl

- Erzählung ***Siddhartha. Eine indische Dichtung*** (1922): Lebensgeschichte eines Menschen, der sich der gesellschaftlichen Anpassung verweigert und sich im naturnahen Leben selbst findet
- Erzählung ***Narziß und Goldmund*** (1930): Gegenüberstellung zweier nach Vollkommenheit suchender Persönlichkeiten – geistig-religiöse Idealität vs. mütterlich-sinnliches Lebensprinzip
- Roman ***Das Glasperlenspiel*** (1943): Gesellschaftsutopie, mit der Hesse entgegen den realpolitischen Verheerungen durch den Nationalsozialismus das „Reich des Geistes und der Seele […] als unüberwindlich sichtbar machen" (Hesse) wollte

## Auf einen Blick

*Was hätte wohl Hermann Hesse gesagt, wenn er gewusst hätte, dass 55 Jahre nach seinem Tod eine Comic-Verfilmung in die Kinos kommt, in der der unsterbliche Bösewicht Steppenwolf heißt?*

## Vorwort des Herausgebers

- **(fiktiver) Herausgeber** als Ich-Erzähler: Beschreibung der etwa **zehnmonatigen Zeit**, die er mit Harry Haller **im selben Haus** (im Haus der Tante des Herausgebers) gewohnt hat
- allmähliches Kennenlernen und Besuch eines Vortrags → Entlarvung des Redners durch Haller
- Charakterisierung Hallers: ungesellig, scheu, sonderbar, aber auch geistvoll und sinnlich
- Lebenswandel: Ausschlafen, kein geregelter Beruf, Büchermensch, Zigarren-/Alkoholkonsum
- Hallers **Faszination für Bürgerlichkeit**, Ordnung und Sauberkeit (ohne diese bei sich zu haben)
- Besuch eines Sinfoniekonzerts: **Hallers Glücksempfinden bei Musik** von Friedemann Bach
- Besuche von einer Frau, offenbar von **Hallers Geliebter**
- Hallers zurückbleibende Aufzeichnungen als „Dokumente“ mit **überpersönlicher Bedeutung**

## Harry Hallers Aufzeichnungen – Teil 1

- **Haller als Ich-Erzähler:** Darstellung des Alltags zur Zeit des Schreibens an den Aufzeichnungen
- **Ambivalenz der Bürgerlichkeit:** Attraktivität des Bürgerlichen und Abneigung dagegen
- Wechsel mäßig positiver und schmerzvoll-negativer Tage, Bedürfnis nach **intensivem Fühlen**
- Entdecken des verschlossenen „**Magischen Theaters**“ bei Abendspaziergang → Einkehr in Kneipe → auf Heimweg Begegnung mit Träger eines Plakats, das auf das „Magische Theater“ hinweist → **Übergabe des Buches *Tractat vom Steppenwolf*** an Haller → Lektüre des Buches

## Tractat vom Steppenwolf

- **Studie** über geistige Verfasstheit eines unzufriedenen Mannes namens Harry → **Doppelnatur: menschliche Seite** (vernünftig, kultiviert, edel) und **wölfische Seite** (wild, ungezähmt) im Konflikt → **innere Zerrissenheit:** Wunsch nach Unabhängigkeit <u>und</u> Bindung
- Selbstwahrnehmung als **potenzieller Selbstmörder** → Suizidvorhaben für den 50. Geburtstag
- **Einzelgänger-Position** jenseits der bürgerlichen Welt, zugleich bürgerliche Aspekte des Lebens
- Bürger = schwach, ängstlich → Steppenwölfe als **Sicherer des Fortbestands des Bürgerlichen**
- **Humor** als versöhnlicher Ausweg für Steppenwölfe → Möglichkeit, alle Gegensätze zu umfassen
- Belehrung: **Vereinfachung** des Ichs durch Zweiteilung → Inneres **aus vielen Ichs** bestehend
- Weg zu Gott nicht durch Rückzug ins Kindliche oder Wölfische, sondern durch Vordringen in die (schuldige) **Menschwerdung**, durch Erweiterung der Seele, sodass sie alles zu umfassen vermag

## Harry Hallers Aufzeichnungen – Teil 2

- nach Lektüre des *Tractats:* Lesen eines **selbstgeschriebenen Gedichts** über den Steppenwolf
- **Suizidgedanken** und Erinnerung an frühere Phasen des Scheiterns als Gründe für Vereinsamung
- Mitgehen bei einem Leichenzug: Einsicht in die Verlogenheit bei Beerdigungen
- wegen politischer Differenzen wenig erfreuliches Essen bei nationalkonservativem Professor
- Kennenlernen der **Prostituierten Hermine** im Wirtshaus *Schwarzer Adler* → Abkommen vom Suizidgedanken durch lebensnahe Art, mit der sie seine **vergeistigte Einstellung entzaubert**
- Einschlafen Hallers → Goethe-Traum: Empfehlung, die große Bedeutung von Spaß anzuerkennen
- Gespräch mit Vermieterin am nächsten Tag: Hallers Technik-Abneigung
- **Hermines Lebensplan** für Haller: **Wiederentdecken der Freude** u. a. durch Lachen und Tanzen → Hallers Pflicht, ihren Befehlen zu folgen (mit Vorhersage, dass er sie später töten wird)
- Lernen erster **Tanzschritte** von Hermine → Besuch einer **Tanzveranstaltung:** euphorisierender **Tanz mit Maria**, Bekanntschaft mit Saxophonist **Pablo** → Rat Hermines, mit Maria zu schlafen
- in Folgezeit **Tanzstunden** (u. a. als Vorbereitung eines Maskenballs) und Aufzeigen der **Freude am Leben** → z. T. aber **bitteres Gefühl** der Auflösung der früheren Persönlichkeit
- zunehmender Kontakt mit Pablo → Drogenkonsum und Gespräch über Musik
- Liebesnacht mit Maria → Anmietung eines Zimmerchens in der Nähe → Verhältnis mit Maria
- Geständnis Hallers gegenüber Hermine, zwar **glücklich** zu sein, aber **nicht** seiner **Bestimmung nachzukommen** → Hermines Bekräftigung der **Geistesverwandtschaft zwischen ihnen beiden** und ihre Einsicht, dass er wegen seiner hohen Ansprüche nicht in diese Welt passe
- Verfassen des Gedichts „Die Unsterblichen", letzte Liebesnacht mit Maria nach Abendessen
- Besuch einer Kneipe und eines Kinos → Versuch, sich vor dem Maskenball aufzulockern
- später Besuch des **Maskenballs** in den Globussälen:
  - Nachricht: **Ankündigung des Magischen Theaters** für vier Uhr nachts → Motivation zum Eintauchen in die Tanzgesellschaft nach vorangegangener Abneigung → Tanz mit Maria
  - Gang in den Raum „Hölle": Finden Hermines, die als sein **Jugendfreund Hermann** verkleidet ist → Gespräch über Hallers Kindheit; Sich-Verlieben Hallers (wie von Hermine angekündigt)
  - **ausschweifende, rauschhafte Stunden:** ausgiebiger Tanz mit Frauen, Flirtspiele etc.
  - „Hochzeitstanz" mit Hermine, die nun als schwarze Pierrette auftritt
  - Pablos Vorhalten eines Spiegels, der **Hallers altes Ich** zeigt, nach Trinken eines Rauschgetränks
- Betreten des Magischen Theaters im selben Gebäude:
  - **Verlöschen des alten (Wolf-)Selbstbildes** in vorgehaltenem Spiegel → **Lachen** Hallers
  - Erblicken vieler eigener Ichs in großem Spiegel
  - Möglichkeit, verschiedene Räume zu betreten, die verschiedene Fantasien „bieten"
  - 1. Raum: **begeisterter Kampf Hallers gegen Autos** und deren Insassen
  - 2. Raum („Anleitung zum Aufbau der Persönlichkeit"): Schachspiel eines Mannes mit **Hallers vielen Ichs** → Lehre, dass man mit den Ichs im **Leben ein Spiel spielt**
  - 3. Raum („Wunder der Steppenwolfdressur"): **gegenseitige Dressur** von Wolf und Mensch
  - 4. Raum („Alle Mädchen sind dein"): **Liebeserlebnisse** mit Mädchen aus seiner Jugend
  - **Zurückschrecken vor 5. Raum** („Wie man durch Liebe tötet") → Rückkehr zum großen Spiegel: Selbstgespräch und Unterhaltung mit spöttisch auftretendem Mozart
  - Betreten eines Raums: **Erstechen Hermines** (die nach Geschlechtsverkehr neben Pablo liegt)
  - letzter Raum („Harrys Hinrichtung"): Verurteilung zur **Strafe des ewigen Lebens** und des „einmaligen Ausgelachtwerdens" wegen Missbrauchs des Theaters durch „**Humorlosigkeit**"
  - **Vorwurf der Humorlosigkeit** auch durch **Pablo**, in den sich Mozart verwandelt hat
  - **Zuversicht Hallers**, das **Lachen irgendwann** noch zu **lernen**

## Auf einen Blick

| | | | | |
|---|---|---|---|---|
| **Struktur** | **Vorwort des Herausgebers:** Einführung Hallers von außen | **Aufzeichnungen Hallers Teil 1:** Einführung Hallers von innen | **Tractat vom Steppenwolf:** Charakterreflexion | **Aufzeichnungen Hallers Teil 2:** Fortsetzung der Darstellung des Lebensausschnitts |
| | Schwerpunkt: Status quo – Hallers Verzweiflung und Suizidgefährdung | | | Vorbereitung Hallers ▸ Verwandlung Hallers (Mag. Theater) |
| **Sprache / Erzählweise** | • Rückblick<br>• eher nüchterner Erzählstil<br>• allgemeine Erläuterungen u. Schilderungen von Situationen | • Dominanz des Erzählberichts<br>• Abhängigkeit des Erzählstils von jeweiliger Stimmung | • Anschein Charakterstudie<br>• subjektiv-lockerer Ton, aber z. T.: hohe Sprachebene | • Erzählberichte, szenische Dialogwiedergaben, (Selbst-) Reflexionen<br>• z. T. hohe Sprachintensität<br>• z. T. komplexe Syntax |

**Multiperspektivisches Erzählen ▸ differenziertes Bild des Protagonisten**

*Zu einer eigentümlichen, aber positiv gemeinten Charakterisierung des Hesse'schen Werks griff Volker Michels, Herausgeber von dessen Werkausgabe: „Wenn Sie das leben, was Hesse in seinen Büchern vermittelt, können Sie nie irgendwelche Boni einheimsen, er stört beim Geldverdienen."*

## Aufbau und Struktur

- **Vierteilung:**
  1. Vorwort des Herausgebers: **Einführung** des fast 50-jährigen Protagonisten von **außen**
  2. Harry Hallers Aufzeichnungen – Teil 1: Darstellung eines Ausschnitts aus dem Leben des Protagonisten – **Einführung von innen** → seine **Lebenskrise**
  3. *Tractat vom Steppenwolf*: Darstellung der **Gedanken- und Gefühlswelt des Protagonisten von außen** in Form einer Charakterstudie
  4. Harry Hallers Aufzeichnungen – Teil 2: Fortsetzung der Darstellung des Lebensausschnitts (mit Schwerpunkt auf den letzten drei Wochen) → seine **Persönlichkeitsveränderung**
- **Romangeschehen/innere Struktur: drei Phasen**
  - Status quo: Verzweiflung und Suizidgefährdung
  - Vorbereitung der Veränderung u. a. durch Tanzen und erotische Erlebnisse
  - Verwandlung im Magischen Theater
- **Offenheit** im Hinblick auf Beginn (woher kommt Haller?) und auf Ende (wo verbleibt Haller?)

## Erzählweise und Sprache

- **Verschiedenartigkeit der Textarten:** Ereignisberichte, psychologische Reflexionen, Charakterstudie, Gedichte, lange wörtliche Rede etc.
- **Multiperspektivität:** drei Erzähler (Herausgeber, Harry Haller, Verfasser des *Tractats*) mit jeweils eigener Perspektive
  - differenzierteres Bild der Figur
  - einerseits starke Identifikation durch Ich-Form der Aufzeichnungen, andererseits Distanz durch die (auch kritischen) Perspektiven der anderen Erzähler

- **Herausgeber als Ich-Erzähler:**
  - **subjektives Erzählen** in Form eines Rückblicks
  - Mischung aus **allgemeinen Einschätzungen** zu Haller und Schilderungen **beispielhafter Begegnungen**
  - **szenische Wiedergabe** von Dialogen (wörtliche Rede) mit Haller
  - eher **nüchterne** Sprache
  - Reflexionen des eigenen Schreibprozesses
- **Harry Haller als Ich-Erzähler:**
  - Ich-Form: Ermöglichung einer stärkeren Identifikation mit der Figur
  - zunächst Dominanz des **Erzählberichts** zur gegenwärtigen verzweifelten Lage, Präsentation von Figurenrede v. a. in indirekter Rede
  - Einstreuung **längerer** (in direkter Rede wiedergegebener) **Dialoge** ab dem Kennenlernen Hermines → **szenisches Erzählen**
  - **Tagebuch-Charakter** der Aufzeichnungen, aber keine klaren Schreibzeitpunkte – Zeitadverbien (heute, morgen, gestern) deuten aber auf **Nähe zwischen Erleben und Schreiben** hin
  - Spannung zwischen reflexionsbeladenen Passagen und Schilderung rauschhafter Erfahrungen
  - sprachliche Variationen je nach Situation → Darstellung **leidvoller Tage** mithilfe von **Parataxen** und **Wiederholungen**; Schilderung von **Reflexionen** zur eigenen Natur und zum Konflikt mit dem Bürgerlichen mithilfe von **Metaphern, Neologismen** und **komplexer Syntax**
  - **Aufzählungen, Wiederholungen, Ausrufe, Ellipsen** → Intensität und teilweise Pathos
  - **rhetorische Fragen** als Form der Selbstversicherung
- **Verfasser des Tractats:**
  - formelhafter Beginn: „Es war einmal …“ → ironisierende Andeutung von Märchenhaftigkeit
  - **geheimnisvolles Wissen** des Verfassers über Harry → Anschein **auktorialen Erzählens**, auch durch Kommentare und Richtigstellungen
  - Erwecken des Anscheins einer neutralen **Charakterstudie** über Harry → zugleich ist Abhandlung aber z. B. mit **subjektiven Wertungen** und **Belehrungen** durchsetzt und von einem **lockeren Ton** geprägt, dabei aber bei Wortwahl z. T. hohe Sprachebene
  - Einsatz **rhetorischer Mittel** wie z. B. der Ellipse, der Emphase, der Klimax und der (oft hyperbolischen) Metapher zur **Intensivierung des Bildes** von Harry
  - dabei Kritik an Harry und Sympathie für ihn
  - hypotaktischer Satzbau als Ausdruck der Komplexität des *Tractats*
- **leitmotivisch eingesetzte Symbole** und **Motive: zentrale Metapher „Steppenwolf“**, **Spiegel** (als Medium des Selbsterkennens) und **Lachen** (als Möglichkeit der Heilung)
- bruchloser Übergang von Realitäts- in surreale Traum- bzw. Visionsdarstellung
- keine Auflösung der Widersprüche/Geheimnisse (z. B.: Woher weiß der Verfasser des Tractats so viel über Haller?)

## Literarische Form

- Nähe zum **Entwicklungsroman:** Veränderung des Protagonisten im Mittelpunkt
- Nähe zur **Bekenntnisdichtung** (Werk als Ausdruck persönlicher Erfahrungen und Empfindungen) und zum **Seelenroman** (innerer Konflikt und dessen Lösung im Zentrum)

## Auf einen Blick

**Historisch/zeitkritisch**
- Kultur- und Technikkritik
- Krise Hallers als historisch repräsentative Krise
- Fortschrittspessimismus

1900-er
1910-er
1920-er
1930-er
1940-er

**Psychologisch/Psychoanalytisch**
- Hallers Krise als Identitätskrise
- Hermine als Seelenanteil Hallers (z. B. als Anima oder Urmutter)
- Heilung durch Akezptanz verschiedener Persönlichkeitsanteile

**Biografisch**
große Ähnlichkeiten zwischen Hesse und Haller (Initialen, äußere Erscheinung, Lebenskrise)

**Philosophisch/Anthropologisch**
- „Vielheit"/„Heterogenität" des Ichs statt Einheit
- Humor als Lebenshaltung

→ keine Allgemeingültigkeit nur eines Deutungsansatzes, sondern immer Zusammenspiel mehrerer Lesarten

*Wie gut der Roman bei den Hippies der 1960er-Jahre ankam, zeigt die Empfehlung des „Hippie-Gurus" Timothy Leary: „Vor deiner LSD-Sitzung solltest du [...] ‚Steppenwolf' lesen."*

## Biografische Lesart

- literarische Verarbeitung einer Lebenskrise
- zahlreiche Hinweise auf Nähe von Autor und Figur
  - **identische Initialen: H**ermann **H**esse und **H**arry **H**aller
  - **äußere** (Statur, Frisur etc.) **und innere** (Vorlieben und Gewohnheiten etc.) **Ähnlichkeiten**
  - direkte Übernahme von Erlebtem in den Roman: z. B. Tanzstunden, Maskenball
  - Widerspiegelung von Beziehungskrisen
  - Suizidgedanken
- Vergleichbarkeit der **Identitätskrise Hallers** mit der inneren Verfassung des Autors zum Zeitpunkt der Arbeit am Roman
- Begegnungen Hallers mit Hermine, Maria und Pablo: Ähnlichkeiten zur psychoanalytischen Therapie Hesses im Sinne einer Bearbeitung der verdrängten, niedergehaltenen Seelenanteile

## Historische/zeitkritische Lesart

- Hallers Krise als **Krise der Zeit** (vgl. Vorwort: Hallers Seelenkrankheit als „Krankheit der Zeit" bzw. als „Neurose" seiner „Generation") → **Kritik an der Gegenwart**
- **Kritik an der Moderne: kritische Einstellung gegenüber Technik** (u. a. Radio)
- **Kulturkritik: Oberflächlichkeit** der gegenwärtigen Kultur (z. B. im Umgang mit Klassikern und im Hinblick auf neue Musik wie den Jazz)
- **Kritik an Kriegsbegeisterung** → politische Ohnmacht angesichts der Möglichkeit eines neuen Krieges
- Roman insgesamt als Ausdruck der **Krisenhaftigkeit im ersten Drittel des 20. Jahrhunderts**
- **Pessimismus** hinsichtlich der Zukunft **statt des bürgerlichen Fortschrittsglaubens**
- Vision Hallers: Aufgabe des Künstlers, die Gesellschaft mitzugestalten
- Steppenwölfe als Kräfte am Rande der Gesellschaft, die die bürgerliche Ordnung erhalten (vgl. *Tractat vom Steppenwolf*)

## Psychoanalytische/psychologische Lesart

- **Identitätskrise:** Hallers Unsicherheit in Bezug darauf, **wer er ist** bzw. **sein soll** → einerseits Abgrenzung von der bürgerlichen Gesellschaft, andererseits Anziehung durch diese
- Roman als Geschichte der Individuation/Persönlichkeitsbildung: Bewältigung der Lebenskrise
- Pablo, Maria und vor allem Hermine als Teile von Hallers Persönlichkeit (bzw. als deren Spiegelung)
- **Hermine als Anima** (weiblicher Seelenanteil) nach C. G. Jung: Vermittlerin zwischen Ich und Es, die Haller bestimmte Erfahrungen ermöglicht, und dadurch helfende Kraft bei der **Persönlichkeitsentwicklung Hallers**
- **Hermine als Urmutter** (Archetyp nach C. G. Jung): schützende und führende Instanz
- Selbstdiagnose Hallers: **Neurose** – Neurose nach Sigmund Freud als Ergebnis eines psychischen Konflikts zwischen Ich und Es
- **Heilungsperspektive:** Annehmen der (vermeintlichen) seelischen Widersprüche
- Aufwertung des Humoristisch-Spielerischen zu einer Möglichkeit, die persönliche Krise zu überwinden
- **Magisches Theater** als eine Art **psychoanalytischer Therapie:** Ziel = Integration abgespaltener Persönlichkeitsanteile ins Ich
- **Träume** als Quelle der (Selbst-)Erkenntnis: Goethe-Traum und Traumhaftigkeit des Magischen Theaters

## Philosophische/anthropologische Lesart

- „Lehre von den **tausend Seelen**" (Zitat aus einem Brief Hesses): das **Ich nicht als Einheit**, sondern als „Vielheit", als **heterogenes Gebilde** (→ Spiegelung eines philosophiegeschichtlichen Perspektivwechsels)
- kein Plädoyer für Hedonismus/Lustzentrierung, aber auch nicht für Askese
- Nähe zum **Existenzialismus:** der Mensch als Sinngeber und Verantwortlicher für das eigene Leben
- Wiederspiegelung der philosophischen Frage, in welchem Verhältnis **Körper und Geist** stehen: tierisch-triebhafte Anteile und kulturell-geistige Anteile → Ziel der Integration dieser Aspekte des Ichs
- **Aufwertung des Humors** zu einer (philosophischen) **Lebenshaltung** → Gewinnung einer entspannten, gelösten Einstellung zum eigenen Ich und zur Welt → **Überwindung der Zerrissenheit** und Vereinigung aller „Bezirke des Menschenwesens"
- die „Unsterblichen" als Verkörperung einer idealen Geisteshaltung
- Spiegelung von Aspekten der **Philosophie Nietzsches:**
  - Leidensfähigkeit als auszeichnende Eigenschaft (vgl. Haller als „Genie des Leidens")
  - Zwischenstellung zwischen Natur und Geist
  - Widerstreit des **Apollinischen** (Vernunft, Ordnung, Form) und des **Dionysischen** (Rauschhaftigkeit, Triebe) → Angewiesensein der beiden Pole aufeinander
- Theologische Auslegung: **buddhistisches Prinzip** des **Mittleren Pfades** als Zwischenweg zwischen ausschweifendem, lustorientiertem Leben und asketischer Lebensweise

## Auf einen Blick

*Reisen ist nicht nur in der Lyrik ein beliebtes Thema, sondern auch in der deutschen Rock- und Poplandschaft wird das Unterwegssein immer wieder behandelt. Man denke nur an „Alles mit nach Hause“ von den Toten Hosen oder an „Einmal um die Welt“ von Cro.*

## Sturm und Drang/Empfindsamkeit (ca. 1765–1785)

**Reales Reisen**

- nun auch zweckfreies Reisen (**„Geniereise“**), das v. a. privilegierten Männern vorbehalten ist

**Literarische Verarbeitung**

- Suche nach **Zuflucht in der Natur** → Ziel: Finden von Bildern, um **eigene Seelenlage auszudrücken**
  BEISPIELGEDICHT: Friedrich Gottlieb Klopstock, *Der Zürchersee* (1750) → Lob der Natur, die Stimmung widerspiegelt: *Jetzt empfing uns die Au in die beschattenden / Kühlen Arme des Walds, welcher die Insel krönt: / Da, da kamst du, o Freude! / Ganz in vollem Maß über uns*
- Verbindung von Empfindung und Fortbewegung: Lob des Reisens zu Fuß, das größere Nähe zur Natur ermöglicht
  BEISPIELGEDICHT: Leopold Friedrich Günther von Goeckingk, *Erkannte Wohltat* (1780) → nur Fußgänger kann über Wunder der Welt staunen: *Ich danke Gott, dass ich zu Fuß muss gehen*
- Symbolcharakter des Reisens: Reise als **Reflexions- und Reifeprozess**
  BEISPIELGEDICHT: Johann Wolfgang Goethe, *Seefahrt* (1777) → Gefahren auf See, die durch Zurückbleiben hätten vermieden werden können, die im Vertrauen auf die eigene Kraft aber gemeistert werden: *Herrschend blickt er auf die grimme Tiefe / Und vertrauet, scheiternd oder landend, / Seinen Göttern.*
- Entwicklung von **Italien** zum **„Sehnsuchtsland“** → Gegenüberstellung der „rauen“ Schweiz mit dem „lieblichen“ Italien (in Goethes Reiseberichten und -skizzen seiner Schweizreisen)
- Wandern als Getriebensein (Thema: **Heimatlosigkeit**)
- Konflikt zwischen ungebundenem, mühevollem Leben und angenehmer, domestizierter Existenz

## Klassik (ca. 1786–1805)

**Reales Reisen**

- Fortbewegungsmittel: zu Fuß, Postkutsche → Wahrnehmung der Landschaft in Einzelbildern aufgrund **langsamer Reisegeschwindigkeit**
- **Italienreisen** (z. B. von Goethe 1786–1788) zur Begegnung mit der antiken Kultur und zur Erlangung neuer Erkenntnisse

**Literarische Verarbeitung**

- Reisen mit dem **Ziel der Erkenntnis** bzw. Veränderung: Wandel der Persönlichkeit bis zur **Vollendung**
- Reise als **Symbol für Reifung** (insgesamt Symbol- und Gleichnishaftigkeit der Lyrik)
  – Verbindung von Reisen mit menschlicher Entwicklung
  – **Fortbewegung und Innehalten** als zwei Bestandteile des Reifeprozesses
  BEISPIELGEDICHT: Johann Wolfgang von Goethe, *Auf dem See* (1789) → Reifung eines lyrischen Ich in Auseinandersetzung mit der Natur: *Morgenwind umflügelt / Die beschattete Bucht, / Und im See bespiegelt / Sich die reifende Frucht.*
- **Sehnsucht nach Ankommen**, Frieden und Ruhe → Wandern, um Teil der Natur zu werden
  BEISPIELGEDICHT: Friedrich Schiller, *Sehnsucht* (1801) → Wunsch nach Harmonie und Einklang mit der Natur: *Ach wie schön muss sich's ergehen / Dort im ew'gen Sonnenschein, / Und die Luft auf jenen Höhen, / O wie labend muss sie sein!*
- überwiegend diesseitsbezogen

## Romantik (ca. 1795–1830)

**Reales Reisen**

- zu Fuß; Postkutsche; ab ca. 1820: Eilwagen → **Erhöhung der Reisegeschwindigkeit**

**Literarische Verarbeitung**

- Entdeckung der Vorteile der Langsamkeit und **Kritik an Beschleunigung** und Eile → Kontrast zur Dynamik der immer rascheren gesellschaftlichen und technischen Entwicklung
- **Wanderschaft als Hauptmotiv:** Suche nach dem Inneren und Unendlichen (Symbol der Blauen Blume), aber auch Wunsch nach Welterkundung (z. B. durch Gipfelbesteigung) oder Flucht
- Neuentdeckung des **ziel- und planlosen Wanderns** → Ab- und Umwege, Verweilen nach Lust und Laune, unregelmäßiger Reiserhythmus, Vergessen der Zeit → rein subjektbezogenes Reisen
- wundersame, bewegte **Natur**, die zum Wandern und Singen animiert und zum Aufbruch in die Ferne lockt → überwiegend **positiver Blick auf Reisen** als Gegensatz zu philisterhaftem Leben
  BEISPIELGEDICHT: Joseph von Eichendorff, *Der frohe Wandersmann* (1817) → Reisen im Vertrauen auf Gott: Kennenlernen der Wunder der Welt: *Die Trägen, die zu Hause liegen, / Erquicket nicht das Morgenrot, / […] / Die Bächlein von den Bergen springen, / Die Lerchen schwirren hoch vor Lust, / Was sollt ich nicht mit ihnen singen / Aus voller Kehl' und frischer Brust?*
- Reise als Lebensreise und **ewige Wanderschaft** → lyrisches Ich als **rastlos Suchender**, dessen Wanderschaft erst im Tod ein Ende finden kann
- weitere wichtige Themen: **Sehnsucht**, **Fernweh** (oft ohne Erfüllung) → beschriebene Landschaften oft kein reales Abbild der Natur, sondern Ausdruck einer Sehnsucht nach dem Ideal
- Reisen als Bedürfnis des Menschen, um begrenztes Dasein mit Offenheit des Unterwegsseins zu vertauschen = **Überwindung der Endlichkeit des menschlichen Lebens**

- Gefühl des Eingeschlossenseins und **Sehnsucht nach Aufbruch:** Haustüre und Fenster als Symbole für Möglichkeit, dem Alltag zu entfliehen
  BEISPIELGEDICHT: Joseph von Eichendorff, *Sehnsucht* (1830/31) → Sehnsucht, die Heimat zu verlassen und in die Ferne zu reisen: *Es schienen so golden die Sterne, / Am Fenster ich einsam stand / Und hörte aus weiter Ferne / Ein Posthorn im stillen Land. / Das Herz mir im Leib entbrennte, / Da hab ich mir heimlich gedacht: / Ach, wer da mitreisen könnte / In der prächtigen Sommernacht!*
- **Kreislauf** aus Aufbruch, Heimweh und Rückkehr
  - **Aufbruch:** verbunden mit Enthusiasmus, jugendlichem Aufbegehren, Abenteuer, Schönheit der Welt und Gefahr des Scheiterns
  - **Heimweh:** verbunden mit Ziellosigkeit, Einsamkeit und Wehmut
  - **Rückkehr:** verbunden mit Entfremdung, Ausgeschlossensein und erneuter Sehnsucht

## Vormärz und Biedermeier (ca. 1815–1848)

### Reales Reisen

- ab 1835 beginnendes **Eisenbahnzeitalter** → Zunahme der Reisegeschwindigkeit und **andere sinnliche Eindrücke:** vorbeieilende Landschaft, Maschinenlärm, Dampf

### Literarische Verarbeitung

- Begeisterung, aber auch Ängste und Ablehnung: **Kritik an einer nur noch oberflächlichen Wahrnehmung** und Warnung vor Hybris des Menschen
- Wandel des Landschaftsraums: nicht mehr „der Weg ist das Ziel", sondern **Erreichen eines bestimmten Ortes** im Vordergrund → Veränderung der Proportionen und Bedeutungsverlust der Überwindung kürzerer Strecken
  BEISPIELGEDICHT: Friedrich Rückert, *Eilfahrt* (1833) → Kritik an Höherstreben der Menschen: *Sonst, wer zwei fremde Sprachen lernte, / Zehn Meilen sich vom Haus entfernte, / Der war gereist, der war gelehrt; / Das ist nun nicht der Rede wert.*
- **Eisenbahn als Ausdruck des Fortschritts** und einer neuen, schnelllebigen Zeit → oft auch Dämonisierung der als bedrohlich empfundenen rasanten technischen Entwicklung: Eisenbahn **als Schreckenssymbol** einer apokalyptischen Endzeit → Verlust der Poesie des Reisens
  BEISPIELGEDICHT: Justinus Kerner, *Im Eisenbahnhofe* (1845) → Faszination und Schrecken des Eisenbahnzeitalters: *Dampfschnaubend Tier! Seit du geboren, / Die Poesie des Reisens flieht; / Zu Ross mit Mantelsack und Sporen / Kein Kaufherr mehr zur Messe zieht.*
- teilweise **begeisterte Technikbejahung:** Feier der Dampfmaschine als Genius der neuen Zeit

## Realistische Strömungen (ca. 1848–1900)

### Reales Reisen

- zunehmend Vergnügungs- und Luxusreisen mit **Dampfschiff** oder **Eisenbahn**
- Reisen ans Meer und in die Berge besonders beliebt

### Literarische Verarbeitung

- Wandern weiterhin Thema, allerdings vor allem **Wanderung in die eigene Vergangenheit**, vornehmlich in Briefen, Erzählungen und anderen epischen Texten
- Thematisierung von technischen Fortbewegungsmitteln: Kutsche, Schiff, Eisenbahn
- **ambivalenter Blick auf Reisen** in der Lyrik: Drang nach Entdeckungen vs. Anstrengung des Reisens → **oft ironische Darstellung** des Reisens → teilweise Absage an Reisen überhaupt

BEISPIELGEDICHT: Theodor Fontane, *Unterwegs und wieder daheim* (1895) → Rückbesinnung auf die Vorteile der Heimat: *Die Welt, die fremde, lohnt mit Kränkung, / Was sich, umwerbend, ihr gesellt; / Das Haus, die Heimat, die Beschränkung, / Die sind das Glück und sind die Welt.*

- **Bahnfahrt als Lebensreise** → verzerrte Wahrnehmung wegen hoher Geschwindigkeit
  BEISPIELGEDICHT: Ferdinand von Saar, *Eisenbahnfahrt* (1855) → Erkenntnis des lyrischen Ich über Flüchtigkeit des Lebens: *Und in tiefster Seele klar / wird mir dieses Leben / Wo, was immer ist und war, / Scheint vorbei zu schweben.*
- Thema **Auswanderung**
- Verzicht auf Sehnsucht des romantischen lyrischen Ich, stattdessen passive und reflexive Lebensschau → **Resignation, Melancholie und Einsamkeit statt Aufbegehren**
  BEISPIELGEDICHT: Theodor Storm, *Über die Heide* (1875) → Bewusstwerden der Vergänglichkeit des Lebens auf Herbstwanderung: *Wär ich hier nur nicht gegangen im Mai! / Leben und Liebe – wie flog es vorbei!*
- Beschreibung von **Zugunglücken** als Symbol für Weltgeschichte, die auf Untergang zusteuert
  BEISPIELGEDICHT: Karl Bleibtreu, *Schnellzug* (1886) → Gleichsetzung der raschen Eisenbahnfahrt mit Fortschreiten der Zeit, die nur durch Unglück gebremst werden kann: *Dem Eisenwagen gleichen / Die Räder auch der Zeit – / Mit nimmermüden Speichen / Fortrollend weit und breit. // Doch weiter, weiter! heischen / Wir alle ruhelos – / Wann wird der Notpfiff kreischen: / Weh uns, Zusammenstoß?*

## Strömungen der Jahrhundertwende (ca. 1890–1910)

**Reales Reisen**

- **Auto** als neue, autonome Form des Reisens → Verkehrsmittel nicht mehr nur Mittel zum Zweck, sondern Autofahren als Selbstzweck

**Literarische Verarbeitung**

- **Begeisterung fürs Autofahren**, das als Ausdruck von **Freiheit** gedeutet wird
- verstärkte Thematisierung der neuen Fortbewegungsmittel und ihres Einflusses auf das Leben der Menschen → Darstellung von **Befürchtungen und Hoffnungen**
- **Reisen als Rückzug** (zum Teil auch Flucht) aus der gegenständlichen Welt und aus der Gesellschaft in ein Reich der Kunst und Schönheit
  BEISPIELGEDICHT: Stefan George, *Wir jagen über weisse steppen* (1891) → rasche Fahrt in wundersame Pflanzenwelt: *Wir jagen über weisse steppen / Der trennung weh verschwand im nu / Die raschen räder die uns schleppen / Führen ja dem frühling zu.*
- Reisen auch als **Ausdruck von Heimatlosigkeit** und fehlender Geborgenheit
  BEISPIELGEDICHT: Hermann Hesse, *Im Nebel* (1905) → Einsamkeit und Entfremdung von der Menschheit: *Seltsam, im Nebel zu wandern! / Leben ist Einsamsein. / Kein Mensch kennt den andern, / Jeder ist allein.*

## Expressionismus (ca. 1910–1925)

**Reales Reisen**

- neue bzw. veränderte Fortbewegungsmittel (Zug, Auto, Flugzeug)

**Literarische Verarbeitung**

- neben neuen Themen und Inhalten auch **neue Formensprache**
- positive, aber auch negative Erfahrungen mit technischen Errungenschaften

- Belastung der Umwelt durch neue Fortbewegungsmittel
- **Reise als Abenteuer und ekstatisches Daseinserlebnis** → seelische Entgrenzungserfahrung und kosmische Erhöhung
  BEISPIELGEDICHT: Ernst Stadler, *Fahrt über die Kölner Rheinbrücke bei Nacht* (1913) → nächtliche Eisenbahnfahrt über hell erleuchtete Rheinbrücke als geradezu ekstatisches Erlebnis: *Wir fliegen, aufgehoben, königlich durch nachtentrissene Luft, hoch übern Strom. O Biegung der Millionen Lichter, stumme Wacht, / Vor deren blitzender Parade schwer die Wasser abwärts rollen. Endloses Spalier, zum Gruß gestellt bei Nacht!*
- aber auch **Heimat als wahrer Sehnsuchtsort** → Reise als Ich-Suche
  BEISPIELGEDICHT: Gustav Falke, *Wieder daheim* (1916) → nur in der Heimat Berührung des Herzens und Möglichkeit, Gefühlen Ausdruck zu verleihen: *Als wir aber die schlichten Wiesen der Heimat, / die frühlingsgeblümten, wieder betraten, / schien uns nichts so schön als sie, / und uns war, / als hätten unsere Herzen so lange geschwiegen / und fänden nun ihre Sprache wieder.*
- Beschleunigung der Fortbewegung als Symbol für Schnelllebigkeit, **Oberflächlichkeit und Identitätsverlust**
- Flug als Symbol für **Streben der Menschheit, die eigenen Grenzen zu überwinden**

## Neue Sachlichkeit und Exillyrik (ca. 1920–1945)

### Reales Reisen

- unfreiwillige **Zuflucht in der Fremde** aufgrund von politischer oder religiöser Verfolgung
- Wechsel des Wohnortes, z. T. auch **innere Emigration**

### Literarische Verarbeitung

- enge Verknüpfung von Reisen und **Lebensreise**
  BEISPIELGEDICHT: Erich Kästner, *Das Eisenbahngleichnis* (1932) → Eisenbahnfahrt als Metapher für das Leben: *Wir sitzen alle im gleichen Zug / und reisen quer durch die Zeit. / Wir sehen hinaus. Wir sahen genug. / Wir fahren alle im gleichen Zug. / Und keiner weiß, wie weit.*
- Reisen ins **Exil und Rückkehr** in fremd gewordene Heimat
  BEISPIELGEDICHT: Bertolt Brecht, *Rückkehr* (1943) → Befürchtungen vor Rückkehr in die Heimat: *Die Vaterstadt, wie find ich sie doch? / Folgend den Bomberschwärmen / Komm ich nach Haus.*
- Thematisierung der **Bedingungen der Flucht**, des Ankommens in der Fremde und der **Sehnsucht nach der zurückgelassenen Heimat**
  BEISPIELGEDICHT: Mascha Kaléko, *Sozusagen ein Mailied* (1938) → schmerzliches Vermissen der Heimat im Exil: *Manchmal, mitten in jenen Nächten, / Die ein jeglicher von uns kennt, /* [...] */ Denke ich an den Rhein und die Elbe, / Und kleiner, aber meiner, die Spree. / Und immer wieder ist es das selbe: / Das Denken tut verteufelt weh.*

## Lyrik der zweiten Hälfte des 20. Jahrhunderts und Gegenwartslyrik

### Reales Reisen

- 1950er-/1960er-Jahre: Aufkommen von **ersten Urlaubsreisen**, v. a. nach Italien
- 1970er-Jahre: zunehmende Entfernung der Reiseziele
- ab Mitte der 1970er-Jahre: Entstehung des modernen **Massentourismus** durch Pauschalreisen
- ab 1990: verstärkte **Migration** nach Deutschland → ab 2015: starker Anstieg der Einreise von Flüchtlingen und Migranten in Europa **(„Flüchtlingskrise“)**

**Literarische Verarbeitung**

- bewegter Mensch, statische Landschaft
  BEISPIELGEDICHT: W. G. Sebald, *Schwer zu verstehen* (1964) → kein Verständnis für die Landschaft, wenn man nur schnell an ihr vorbeifährt: *Schwer zu verstehen / ist nämlich die Landschaft, / wenn du im D-Zug von dahin / nach dorthin vorbeifährst, / während sie stumm / dein Verschwinden betrachtet.*
- **Vergeblichkeit des Reisens** als Flucht vor sich selbst oder vor existenziellem Scheitern → **Hinwendung zum eigenen Inneren** statt Suche nach Zerstreuung und Abenteuer in der Ferne
  BEISPIELGEDICHT: Gottfried Benn, *Reisen* (1950) → Aufruf zum Bleiben, statt vor eigenem Ich davonlaufen zu wollen: *Ach, vergeblich das Fahren! / Spät erst erfahren Sie sich: / bleiben und stille bewahren / das sich umgrenzende Ich.*
- zunehmendes **Verschwinden des lyrischen Ich** zeigt Vergänglichkeit des Menschen, aber oft weiterhin Verknüpfung der Reiseerlebnisse mit Innenwelt des lyrischen Sprechers
- beschleunigte und nur noch bruchstückhafte Wahrnehmung → Verlust von Raum- und Zeitgefühl; **Passivität** des Reisenden und **Monotonie** der Reise
  BEISPIELGEDICHT: Wulf Kirsten, *vorübergefahren* (2001) → schnelle Fahrt verhindert tiefere Auseinandersetzung mit der Welt: *nie vernommen, / was da aufzuckt im licht und schon / wieder beiseite gerückt, was stehn- / bleibt, aufrauschendes wortgut, / vorübergefahren.*
- Unterschied zwischen technisierten Massenreisen der Gegenwart und intensiver Naturbetrachtung der Vergangenheit → **Entpoetisierung des Reisens** → kaum Gedichte über modernen Massentourismus
  BEISPIELGEDICHT: Hans Magnus Enzensberger, *Terminal B, Abflughalle* (1999) → Gegenüberstellung der kalten, anonymen Flughafenatmosphäre mit Wundern der Natur: *Doch soviel siehst du mit bloßem Auge, / dass sie vollkommener ist, / die verlorene Feder, / als der hinter dem Isolierglas / auf Position 36 lautlos dröhnende / Jumbojet, den du versäumt hast.*
- **Kritik an mobiler Massengesellschaft** mit Entfremdung, Anonymität und Hektik, aber auch **Feier des Aufbruchs** sowie der Bewegung ohne Ziel
- künstliche Isolation in modernen Verkehrsmitteln → **Frage nach Menschsein und Menschlichkeit**
  BEISPIELGEDICHT: Jan Wagner, *Unterwegs im Nebel* (2001) → Unwirklichkeit des Autofahrens bei Nebel, das die Reisenden von der Welt entfremdet: *die welt war geschrumpft auf die nächste / fahrbahnmarkierung*
- Veränderungen des Reisens durch moderne Entwicklungen wie z. B. den **Klimawandel**
- **Macht der Zeit**, der Menschen unerbittlich unterworfen sind
- gegenwärtige **Migrationsbewegungen:** Flucht und Integration in der Fremde
  BEISPIELGEDICHT: Manfred Peter Hein, *Winterquartier* (2017) → Schwierigkeit der Integration von Flüchtlingen in ihrer neuen Heimat: *Europa uneins – / Wohin mit der fremden Brut / den Brüdern Schwestern // Asyle brennen wie dort / die verlassene Heimstatt*

## Auf einen Blick

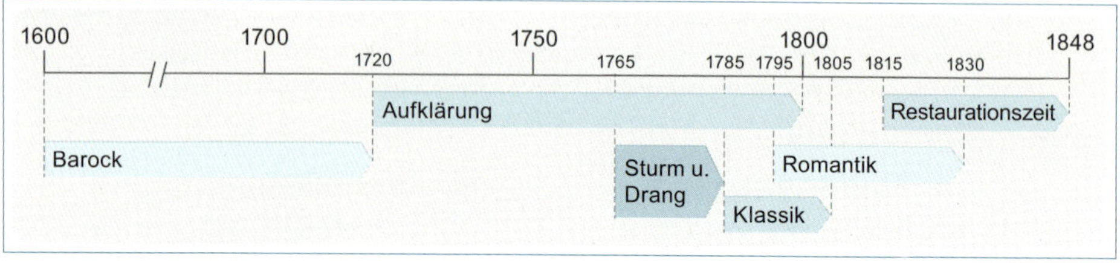


## Barock (ca. 1600–1720)

- Hintergründe: Entwicklung der modernen Wissenschaften; Aufblühen des Humanismus; Absolutismus mit extremen sozialen Spannungen; große Religiosität und Religionskonflikte; **Dreißigjähriger Krieg** mit verheerenden Auswirkungen
- **Vanitas** (lat. leerer Schein, Nichtigkeit, Eitelkeit) als Zentralmotiv → **Memento mori** (lat. Gedenke des Todes): Abkehr von der Welt / Konzentration auf das Jenseits oder **Carpe diem** (lat. Genieße den Tag): Genuss des flüchtigen Moments → Streben nach Ordnung in Form und Inhalt
- starkes Formbewusstsein, **Dominanz geregelter Formen** (z. B. **Sonett** mit Alexandriner, um antithetisches Denken auszudrücken); **Regelpoetik:** poetisches Schreiben ausgehend von Regeln
- Lyrik als dominierende Gattung, aber auch Drama (Tragödien mit mythologischen Stoffen) und Epik (v. a. Schäfer- und Schelmenroman)
- vorherrschende Themen: **Krieg**, **Tod**, **Vergänglichkeit**, Religion und Scheinwelt

## Aufklärung (ca. 1720–1800)

- Hintergründe: (aufgeklärter) Absolutismus; Säkularisierung und Deismus (rationaler Zugang zu Gott); Aufstieg des Bürgertums
- Orientierung an der menschlichen **Vernunft** → distanziertes Verhältnis zu Emotionen → **Empfindsamkeit** mit Aufwertung des Gefühls **als Gegenbewegung**
- **autonomes Individuum** mit Menschenrechten im Zentrum → **Toleranz** als zentraler Wert
- Themen: Ständekritik, Toleranz, Bildung, **Humanität**, **Erkenntnisfähigkeit** des Menschen
- Stilideal der **Klarheit und Verständlichkeit**
- **lehrhafte Kurzformen** der fiktionalen Literatur: Fabel, Parabel, Lehrgedicht, Epigramm, Ode und Fortsetzungsroman → Literatur soll nützlich sein

## Sturm und Drang (ca. 1765–1785)

- Hintergründe: große soziale Ungerechtigkeit; absolutistische Machtpolitik und Fürstenwillkür → Aufbegehren der jungen Generation
- **starker Subjektivismus** mit Mensch als erlebendem und empfindendem Subjekt im Mittelpunkt → **Gefühlskult und Aufbruchsstimmung**
- Aufwertung der Emotionalität als **Gegenbewegung zum Rationalismus der Aufklärung**
- jugendliche **Protestbewegung**, die Fürstenwillkür, soziale Ungleichheit, materielle Not und rigide Moralvorstellungen anprangert
- Autonomie des Künstlers und seines Kunstwerkes → **Geniekult, Schöpfergedanke**
- Abkehr von Regelpoetiken → **Leidenschaftlichkeit der Sprache:** Ausrufe, Hyperbeln, Metaphern, Kraftausdrücke und Neologismen

- Themen: **Herz**, Natur, Freundschaft, **Liebe, Freiheit**, politischer Widerstand, Gerechtigkeit
- **Erlebnislyrik:** Wiedergabe der unmittelbaren Empfindungen des lyrischen Ich in freien Rhythmen, reimlosen Versen und hohem Pathos, aber auch in Einfachheit des Volkslieds
- freiere Formen (z. B. offenes Dramas); Briefroman zur Ausgestaltung individuellen Erlebens

## Klassik (ca. 1786–1805)

- Hintergründe: Französische Revolution mit Terrorherrschaft; „Musenhof" unter Herzogin Anna Amalia in **Weimar** (Zusammenarbeit von **Goethe und Schiller**)
- Leitgedanken: **Harmonie**, Ausgleich der Gegensätze, **Würde, Humanität**, Toleranz, Selbstbestimmung, Beherrschung und Mäßigung (*Edle Einfalt, stille Größe*)
- **Ideal des Guten, Wahren und Schönen** → Forderung nach ethischer Vervollkommnung durch Orientierung an der Antike → **Erziehung des Menschen** als Aufgabe der Kunst
- überzeitliches **Humanitätsideal** → historische Umstände, Alltagssprache oder politisches Ideal spielen keine Rolle → Vorwurf an Klassik, bestehende Verhältnisse zu stützen
- Themen: Humanität, **Freiheitsidee, Harmonie von Pflicht und Neigung**
- Ideal der **Formstrenge:** harmonische Verbindung von Inhalt, Sprache und Aufbau
- Lyrik: klassische Formen (z. B. Elegien und Epigramme); Drama: metrisch gebundene Sprache, hoher Stil, geschlossene Form, historische/antike Stoffe; Epik: Bildungsroman

## Romantik (ca. 1795–1830)

- Hintergründe: Französische Revolution mit Terrorherrschaft; zunehmendes Nationalbewusstsein durch Kriege gegen Napoleon
- Idee der Abhängigkeit des Menschen von einem Absoluten oder Unendlichen → Wiederannäherung an religiöse Denkformen → Poesie als Medium des Absoluten (**Universalpoesie**, in der alle Gattungen und Künste vereint sind) → Streben nach **Gesamtkunstwerk**
- Blick nach innen → „**Blaue Blume**" als Symbol für metaphysische **Sehnsucht nach dem Fernen und Unerreichbaren** sowie den eigentlichen Seinszusammenhängen
- Themen und Motive: Natur als Bereich des Unendlichen, **Sehnsucht, Traum, Wahnsinn**, Entgrenzung, Einsamkeit, Vergänglichkeit, Reisen, Wandern, Nacht, Fantastisches
- Idealisierung des Mittelalters und aufkommendes Nationalbewusstsein → Interesse an Volksdichtung, z. B. **Volkslied, Märchen** → leichte Verständlichkeit, Wohlklang, „musikalische" Sprache
- Anschreiben **gegen Philistertum und Bürgerlichkeit**
- „**romantische Ironie**"**:** Aufzeigen der Unerreichbarkeit des Absoluten durch Texte, die sich selbst und ihre Entstehungsbedingungen reflektieren oder kommentieren
- Roman als universale Form, in der Lyrik enthalten ist (kaum Dramen)

## Restaurationszeit (ca. 1815–1848)

- Hintergründe: Wiener Kongress 1815 und Restaurationspolitik; **Märzrevolution** 1848 – zunehmende Einschränkung der Freiheit, Zensur → verschiedene Strömungen: **Biedermeier** (Resignation, Rückzug ins Private), **Vormärz** und **Junges Deutschland** (politisches Aufbegehren)
- rationale Haltung und Orientierung an Fakten → Abkehr von der Romantik
- Themen des Biedermeier: **Familie, Ordnung, Beschaulichkeit**, Idylle → **heile poetische Welt**
- Themen des Vormärz und des Jungen Deutschlands: **soziale und politische Missstände** → **Kampf gegen soziales Elend und Unterdrückung** als Aufgabe der Literatur
- Veröffentlichungen in Zeitungen und Zeitschriften → vorwiegend kleinere literarische Formen

## Auf einen Blick

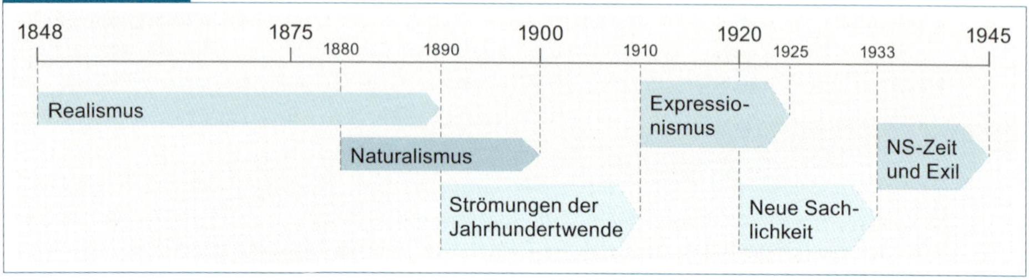


## Realismus (ca. 1848 –1890)

- Hintergründe: Scheitern der Revolution von 1848; Gründung des Deutschen Kaiserreichs 1871 → preußischer Militarismus; Bürgertum als führende Schicht; Verschärfung der Sozialen Frage durch Industrialisierung; Verstädterung → **Orientierungslosigkeit** durch Verlust von Normen
- **„objektive“ Schilderung** der unmittelbaren Lebenswelt, aber **Ausklammerung des Hässlichen/Niederen** sowie der Sozialen Frage → **Poetisierung** der Wirklichkeit
- Bürgertum als tragende Schicht → Darstellung **bürgerlicher Milieus und Ideale**, aber auch **historischer Stoffe** mit überzeitlichem Geltungsanspruch → Streben nach Nationalliteratur
- Themen: **Liebe**, **Vergänglichkeit**, **Heimat**, **Naturerleben**
- Entstehung eines Literaturmarktes → Verbreiterung der Leserschaft → **Unterhaltungsliteratur**
- Roman und Novelle als zentrale Gattungen; in der Lyrik v. a. Balladen
- Stil: gewählte, **neutrale Sprache**; **Humor und Ironie**

## Naturalismus (ca. 1880 –1900)

- Hintergründe: **Milieutheorie = Mensch als Produkt der ihn umgebenden Verhältnisse:** Vererbung, Milieu, historische Umstände; **Industrialisierung und Proletarisierung** → Verschärfung der Sozialen Frage, Anwachsen der Großstädte zu Metropolen
- **radikalisierter, konsequenter Realismus** mit Wegfall der verklärenden Poetisierung → Blick auf **hässliche Wirklichkeit sozialen Elends** und Kritik an sozialen Verhältnissen
- „Kunst = Natur – X“ (A. Holz): **möglichst Entsprechung von Kunst und Natur**, Faktor X (Autor und seine Subjektivität) soll möglichst klein sein
- Themen: **Armenmilieus, Familienprobleme** unterer Schichten, **Doppelmoral, Großstadt**, dunkle und hässliche Seiten des Lebens, Kriminalität, Geisteskrankheit, Alkoholismus
- **sozialkritisches Drama** als bedeutendste Gattung
- präzises Beobachten, **Sekundenstil** (Erzählzeit = erzählter Zeit), natürliche Sprache (z. B. Dialekt)

## Strömungen der Jahrhundertwende (ca. 1890 –1910)

- Hintergründe: Infragestellen der Selbstbestimmtheit des Menschen durch die **Psychoanalyse**; starrer Wilhelminismus → Entstehung eines grundlegenden **Krisenbewusstseins** → Strömungen des **Impressionismus und Symbolismus** als Weg nach innen mit quasireligiöser Aufladung
- Idee einer reinen, sich selbst genügenden Kunst („l’art pour l’art“) als **Gegenströmung zum Naturalismus** → **keine politische Funktion der Kunst**, sondern Flucht in eine Gegenwelt
- Träger: großbürgerliche Bohème, die sich in Kaffeehäusern selbst feiert
- **Impressionismus:** Wiedergabe eines subjektiven Sinneseindrucks mit höchster Intensität

- **Symbolismus:** Absolutheitsanspruch der Kunst, gegen Abbildungsfunktion der Kunst gerichtet
- Themen: **Abgrenzung zum naturalistischen Erfassen** der Realität, Besinnung auf das „Ich", Individualität, Subjektivität, Sprache, Kultur, Vergänglichkeit
- kürzere, zum Teil auch experimentelle Formen; **symbolische Verdichtung**, **Verfeinerung der Sprache**, Auflösung traditioneller Formen, **Bewusstseinsstrom**, innerer Monolog, erlebte Rede

## Expressionismus (ca. 1910–1925)

- Hintergründe: **Verstädterung** und Anonymisierung, technischer Fortschritt, erstarrte wilhelminische Gesellschaft → verschärftes Krisenbewusstsein, **Sinnkrise**, Erster Weltkrieg
- Pathos des Aufbruchs und unbedingter Wille zum **Ausdruck des Erlebens**
- Bedrohung des Subjekts durch **Ich-Zerfall** → Darstellung des Körpers in Verfallszuständen
- pathetische **Beschwörung eines neuen Menschen**, der Liebe und Verbrüderung lebt **(„O-Mensch!"-Expressionismus)**
- **Großstadt** (v. a. Berlin) als Ort der Reizüberflutung, Orientierungslosigkeit und Anonymität
- Erfahrung der Verhältnisse des Kaiserreichs als verkrustet → **Kriegsbegeisterung** bei einigen Autoren – nach Kriegserfahrung häufig **Pazifismus** und Verarbeitung der Erlebnisse
- Themen: Lebens- und Vitalkult, **Krieg** und Pazifismus, **Weltende und Apokalypse**, Krise des Ich, Tabus (Ästhetik des Hässlichen: Geisteskrankheit, Prostitution, Verbrechen), **Großstadt**
- **Lyrik** als präsenteste Gattung → **Reihungsstil**, elliptische Konstruktionen, Neologismen, Farbmetaphorik, Auflösung syntaktischer Regeln, Verdinglichung
- Dramatik: **Stationendrama** (lose Szenenfolge), **Wandlungsdrama** (Wandlung eines Einzelnen)

## Neue Sachlichkeit (ca. 1920–1933)

- Hintergründe: von vielen abgelehnte Weimarer Republik; wirtschaftliche Schwierigkeiten aufgrund von Reparationslasten; „Goldene Zwanziger" mit kultureller Vielfalt
- dezidierte **Abkehr vom Expressionismus** und Hinwendung zur **Lebensrealität** mit ihren sozialen und wirtschaftlichen Verhältnissen und zum **sachlich-nüchternen Schreiben**
- Bewusstsein von Desillusionierung und Übergang in eine neue Zeit (Schwellenzeit-Gefühl)
- Themen: Großstadt, Verarbeitung des Kriegs, **Probleme der „kleinen Leute"**, Alltagsleben
- **Gesellschafts- und Zeitromane**, Dokumentartheater und **Episches Theater**
- Mischung von **journalistischen, dokumentarischen und literarischen Anteilen** → kühl-distanzierte, **einfache, verständliche Sprache**

## NS-Zeit und Exil (1933–1945)

- Hintergründe: **nationalsozialistische Herrschaft** mit totalitärer Durchdringung des gesamten Lebens → **„Gleichschaltung"** der Kunst und Literatur durch Bücherverbrennung, Verfolgung und Zensur; **Zweiter Weltkrieg**, Erfahrung des Exils → Freitod zahlreicher Autoren
- **NS-Literatur:** regimekonform; **Gestaltung ideologischer Motive** wie Rasse, Führertum, Deutschtum, Kampf, Gewalt, Blut-und-Boden-Ideologie → stereotype Metaphern
- **innere Emigration: getarntes Schreiben** als geistige Opposition gegen Ungeist des NS-Regimes → gehobene, oft verschlüsselte Sprache; Schreiben in europäisch-humanistischer Tradition
- **Exilliteratur:** Humanität, Opposition zur NS-Ideologie, Zeigen des „anderen" Deutschlands
- Roman vorherrschende Gattung (Reflexion der eigenen Situation), Drama nur Nebenrolle (Ausnahme: Bertolt Brecht), Verarbeitung der emotionalen Situation in der Lyrik
- Abkehr vom Stil des Expressionismus → Bevorzugung traditioneller Formen

## Auf einen Blick

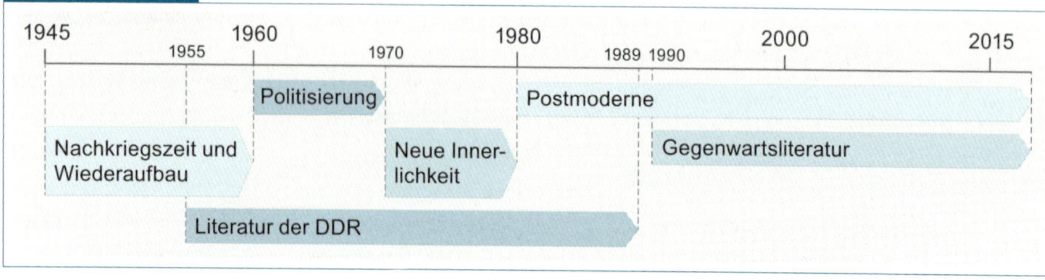


## Literatur der Nachkriegszeit und des Wiederaufbaus (1945 – ca. 1960)

- Hintergründe: Ende des Zweiten Weltkriegs; **Welt in Trümmern**; „Stunde Null"; Aufteilung Deutschlands in vier Besatzungszonen; **Wiederaufbau**; Gründung der Bundesrepublik und der DDR; „Kalter Krieg"; Wirtschaftswunder; Scham, Schuld, Verdrängung angesichts der NS-Zeit
- **„Trümmerliteratur":** Betonung der Traumatisierung durch Krieg und Zerstörung
- **„Literatur des Kahlschlags":** Betonung des Neubeginns wegen Belastung der Sprache durch Missbrauch im NS-System → Frage, inwieweit Dichtung nach NS-Verbrechen noch möglich ist
- Themen: Schrecken des Kriegs, **Heimkehr**, Orientierungslosigkeit, Schuld, Scham, Klage und Anklage, Versuch der **Aufarbeitung der Vergangenheit**
- Aufkommen der **Kurzgeschichte**, zeitkritische Dramen, oft hermetische Lyrik mit schwer verständlichen Chiffren oder konkrete Poesie als sprachexperimentelle Lyrik
- Stilideal der **Nüchternheit**, Verzicht auf Pathos → **schmucklos-karge Sprache**, indirekte Ausdrucksformen (Parabeln, Chiffren, Gleichnisse)

## Politisierung der Literatur (1960er-Jahre)

- Hintergründe: existenzielle Bedrohung durch „Kalten Krieg" → **Angst vor einem Atomkrieg**; Vietnamkrieg → Distanzierung von den USA; Große Koalition → Entstehung der **APO** → **68er-Bewegung** als Protestbewegung mit antiautoritären und pazifistischen Zielen
- Diskussionen über Verhältnis von Literatur und Politik → Gesellschafts- und Zeitkritik als Aufgabe der Literatur → **Politisierung der Literatur**
- Themen: **gesellschaftspolitische und soziale Probleme**, **Kritik an Verdrängung der NS-Vergangenheit**, Frage nach Rolle der Eltern im NS-Staat, deutsche Teilung
- politischer Zeitroman, **Dokumentartheater**, **politische Lyrik** und experimentelle Gedichte
- Forderung von Verständlichkeit und Abkehr von jeglichen Ideologien → teilweise Auflösung der Grenzen zwischen literarischen und nicht-literarischen Formen

## Neue Innerlichkeit/Neue Subjektivität (1970er-Jahre)

- Hintergründe: Rückzug vom Politischen vs. Radikalisierung (**RAF**-Terror); Entstehung der **Frauenbewegung**; Entspannung im Ost-West-Konflikt (Ostpolitik Brandts, KSZE-Schlussakte)
- **Resignation und Identitätssuche** → Aufwertung des Individuums und seiner Subjektivität → **Neue Subjektivität/Neue Innerlichkeit:** Gestaltung subjektiver Wirklichkeit und Verarbeitung innerer Erfahrung → Tendenz zu **autobiografischer Bekenntnisliteratur**
- gesellschaftskritische **feministische Literatur** mit Infragestellung traditioneller Rollenbilder
- Themen: **Selbstfindung, Selbsterfahrung und Innenschau**, Alltag und Beziehungen, Erleben des Einzelnen im Spannungsfeld zur Gesellschaft, Gewaltstrukturen im Geschlechterverhältnis

- Lyrik und Epik als bevorzugte Gattungen zur Darstellung von Innerlichkeit
- Streben nach **Authentizität:** Tendenz zu sprachlicher Kunstlosigkeit und Umgangssprache, zugleich emotionale und subjektive Sprache

## Postmoderne (Strömung der 1980er-Jahre bis heute)

- Hintergründe: **Ökologie** als neues Thema in der Politik; allmähliche Liberalisierung des Ostblocks durch Gorbatschow; atomare, ökologische, soziale Katastrophen → neues **Krisenbewusstsein**
- zunehmende **Vielgestaltigkeit der Literatur** und Fortwirken der Tendenzen der 1970er-Jahre
- Nebeneinander verschiedener „Literaturen“: Jugendliteratur, Trivialliteratur, experimentelle Literatur, gesellschaftskritische Literatur
- Annahme der Beliebigkeit von Wirklichkeit → **Infragestellen von Ideologien und Werten**
- **Konstruktivismus:** Wahrheit als gesellschaftliches Konstrukt → Pluralität von Sinnentwürfen
- Aufwertung der **Unterhaltsamkeit von Literatur** → Öffnung hin zu „Trivialgattungen“ wie Schauerroman oder Kriminalroman
- Roman als bevorzugte Gattung → zahlreiche **intertextuelle Bezüge**
- Nebeneinander und **Montage verschiedener Stile und Formen**, Vorliebe für **Ironie**

## Literatur der DDR (1950–1989)

- Hintergründe: Gründung der **DDR** als Teil des totalitär regierten, sozialistischen Machtblocks unter der Herrschaft der Sowjetunion; Abschottung gegenüber dem Westen; **Stasi** → Kontrolle und **Zensur**; ab 1985 Stärkung der Bürgerrechtsbewegung; 1989 friedliche Revolution/Mauerfall
- staatlich verordnete Strömung des **Sozialistischen Realismus:** antifaschistisch, antikapitalistisch, arbeiternah → Ideal des selbstlosen und leistungsbereiten Arbeiters für das Gemeinwohl
- staatlich verordnete **Aufbauliteratur** der 1950er-Jahre: Überlegenheit des Sozialismus gegenüber Faschismus/Imperialismus
- **„Bitterfelder Weg“:** Arbeiter als Schriftsteller und Schriftsteller als Arbeiter → **Idealisierung des Arbeiters** in der Literatur
- staatlich kontrollierte **Ankunftsliteratur** der 1960er-Jahre: Einrichten im Sozialismus
- **nicht systemkonforme Literatur:** subversive Aussagen, die durch Anspielungen, Verschlüsselungen und Verlegungen des Stoffs in den Mythos an Zensur vorbeikommen
- Epik und Lyrik als zentrale Gattungen; Liedtexte als kritische Ausdrucksform

## Tendenzen der Gegenwartsliteratur (1990–heute)

- Hintergründe: Wiedervereinigung 1990; Vormarsch **digitaler Massenmedien** (Internet, Smartphones, E-Books, soziale Netzwerke); islamistische Terroranschläge und Kampf gegen den Terror; **Globalisierung**; Flüchtlingsproblematik; Umgang mit Daten
- **Pluralismus:** gleichberechtigtes Nebeneinander verschiedener Menschenbilder und Kulturen → Herausforderung für Literatur, komplexer werdende Welt zu verarbeiten
- **Vermarktbarkeit** als zentrales Kriterium für Literatur → zunehmende Produktion von **Unterhaltungsliteratur** bzw. von Übersetzungen aus dem Ausland
- Themen: **Identität des Einzelnen** in globalisierter Welt, Auseinandersetzung mit DDR **(Wendeliteratur)**, provokante Selbstinszenierung junger Schriftsteller und Aufgreifen von Alltagsthemen **(Popliteratur)**, Fremdheitserfahrung **(interkulturelle Literatur)**, biografisches Schreiben
- Roman als vorherrschende Textform
- facettenreiche Sprache, die z. T. an Ausdruckskraft verliert (→ Ausrichtung auf breites Publikum)

## Sachtexte

### Essay
- geistreiche und sprachlich anspruchsvolle Abhandlung zu einem Thema aus z. B. Wissenschaft, Politik, Gesellschaft, Literatur, Religion (auch: Gedankenspaziergang vor den Augen des Lesers)
- ausgehend von konkreter Fragestellung werden in freier, oft unsystematischer Form Pro- und Kontrapositionen rhetorisch geschickt dargestellt, wobei persönliche Ansichten und Erlebnisse im Vordergrund stehen können
- gekennzeichnet durch Leichtigkeit, Unbefangenheit und stilistische Virtuosität, oft Verzicht auf objektive Nachweise und definitive Antworten

### Glosse
- zugespitzte, wertende Anmerkung zu tagesaktuellem Thema mit abschließender Pointe
- satirische Form des Kommentars, oft zahlreiche rhetorische Mittel (z. B. Hyperbel, Ironie)

### Interview
- Wiedergabe eines Frage-Antwort-Gesprächs zwischen Journalist und einer oder mehreren Personen (meist des öffentlichen Lebens, d. h. aus Film/Fernsehen, Politik, Sport usw.)
- Ziel ist z. B. Klärung eines strittigen Sachverhalts, Vorstellung einer Person, Meinungsäußerung

### Kommentar
- subjektiv wertender Meinungsbeitrag zu aktuellem bzw. allgemein bekanntem Thema
- Autor (immer namentlich genannt) legt persönlichen Standpunkt sprachlich geschickt dar, versucht Leser argumentativ zu überzeugen, teils ironisch-spöttischer Stil
- beginnt meist mit Hintergrunderläuterungen zum Thema und endet mit Fazit bzw. Appell

### Rede
- öffentlicher Vortrag (basierend auf schriftlichem Konzept) zu einem gesellschaftlichen, privaten oder geschäftlichen Thema, oft mit dem Ziel, Zuhörer von den eigenen Ansichten zu überzeugen
- geschickter Einsatz rhetorischer Mittel und Adressatenbezug durch direkte Ansprache

### Rezension
- anschaulich und präzise formulierte Zusammenfassung und persönliche Bewertung eines Buchs, einer Theaterinszenierung oder eines Films
- Ziel: Leser informieren und ggf. Empfehlung abgeben

## Epik

### Fabel
- unterhaltsame Erzählung von geringem Umfang mit lehrhafter Schlusspointe
- die Handelnden sind Tiere, die für menschliche Eigenschaften stehen (z. B. Biber → Fleiß)
- endet in der Regel mit „Moral“ = Lehre für den Menschen

### Kurzgeschichte
- Geschichte, die in einem Zug zu lesen ist (< 20 Seiten)
- handelt meist von alltäglichen Begebenheiten, die eine überraschende Wendung nehmen
- wenige Figuren, oftmals „Typen“ (keine Namen, übertragbar)
- in der Regel nur ein Handlungsstrang, umfasst relativ kurze Zeitspanne, kein Ortswechsel
- beginnt mit unmittelbarem Einstieg, keine Vorstellung der Figuren, rascher Handlungsverlauf (→ Höhepunkt), endet offen (d. h. mehrere Ausgänge der Handlung denkbar)

### Märchen
- Ort und Zeit unbestimmt, formelhafte Sprache (*Es war einmal …*)
- Figuren/Verhalten in „gut" und „böse" einteilbar, das Gute gewinnt → belehrender Charakter
- Gegenstände und Figuren aus mittelalterlicher Gesellschaft (*Königssohn*) oder magischer Welt (*Zauberspiegel*), übernatürliches Geschehen (*Hexerei*), oft magische Zahlen (*3, 7, 12*)

### Novelle
- Erzählung mittlerer Länge, in deren Mittelpunkt ein außergewöhnliches Ereignis steht
- Handlung in der Regel einsträngig mit Höhe-/Wendepunkt und geschlossenem Ende
- oft Leitmotive oder wiederkehrende Dingsymbole, Einfluss des Zufalls auf Schicksal der Figuren

### Roman
- Erzählung von großem Umfang mit zahlreichen komplexen Figuren und Handlungsverläufen
- oft psychologisch ausgestaltete Hauptfigur
- zahlreiche Genres: Kriminalroman, Liebesroman, Abenteuerroman, Fantasyroman usw.

## Dramatik

### Komödie
- unterhaltsames, humorvolles Theaterstück, oftmals mit klassischem Aufbau (fünf Akte)
- Protagonisten geraten aufgrund ihrer Schwächen in Konflikt, der sich immer weiter verschärft
- endet mit glücklicher Auflösung des Konflikts, in der Regel gewinnen die „Guten"

### Tragödie
- tragisches, emotional bewegendes Theaterstück, oft mit klassischem Aufbau (fünf Akte)
- Protagonisten geraten durch schicksalhafte Fügungen (z. B. Verlieben in die „falsche Person") oder menschliche Fehltritte in schwerwiegenden Konflikt
- endet meist mit dem dramatischen Tod des Helden/der Heldin und weiterer Figuren

## Lyrik

### Ballade
- Gedicht, in dem auf anschauliche, lebendige Weise eine Geschichte erzählt wird (Erzählgedicht)
- formal: Strophen, Verse, Reime, Metrum; sprachlich: oft wörtliche Rede; inhaltlich: spannender Handlungsverlauf (Themen: z. B. Liebe, Heldentaten) → vereint Lyrik, Epik und Dramatik

### Lied
- sangbares Gedicht mit durchgängig der gleichen Strophenform (meist Übereinstimmung der Strophe mit einem Satz)
- alternierende Verse mit Kreuz- oder Paarreim und schlichte, gut verständliche Sprache
- oft unmittelbarer Ausdruck lyrischer Empfindungen bzw. individuellen Erlebens → besondere Beliebtheit in der Romantik

### Sonett
- sprachlich und formal kunstvoll gestaltetes Gedicht
- in der Regel strenger Aufbau: zwei Quartette (Strophen aus vier Versen) gefolgt von zwei Terzetten (Strophen aus drei Versen)
- häufig inhaltlicher Gegensatz zwischen Quartetten und Terzetten, letzte Verse oft wie Pointe

| Stilmittel | Beispiel |
|---|---|
| **Akkumulation:** Anhäufung von Wörtern ohne Nennung eines Oberbegriffs | *Sonne, Mond und Sterne* |
| **Allegorie:** systematisierte Metapher, die durch Reflexion erschließbar ist | *Justitia (Gerechtigkeit)* |
| **Alliteration:** aufeinanderfolgende Wörter mit gleichem Anlaut | *wunderbare Welt, Kind und Kegel, zehn zahme Ziegen* |
| **Allusion:** Anspielung | *Du weißt, was ich meine.* |
| **Anapher:** gleicher Anfang aufeinanderfolgender Sätze/Verse | *Gehe nach Hause. Gehe dorthin, so schnell du kannst.* |
| **Anrede:** Hinwendung an den Adressaten | *Meine Damen und Herren, …* |
| **Antithese:** einander entgegengestellte Begriffe, Bedeutungen oder Gedanken | *Ruhe auf dem Land, Lärm in der Stadt, Himmel und Hölle* |
| **Aphorismus:** knapp formulierter Sinnspruch | *Die Zeit heilt alle Wunden.* |
| **Archaismus:** veralteter sprachlicher Ausdruck | *Seid gegrüßt, holde Maid!* |
| **Assonanz:** vokalischer Gleichklang | *sobald, Obacht, Wohlklang* |
| **Asyndeton:** Reihung ohne Konjunktionen | *Er kam, sah, siegte.* |
| **Chiasmus:** Überkreuzstellung | *Der Einsatz war groß, klein war der Gewinn.* |
| **Chiffre:** Zeichen, dessen Inhalt rätselhaft und letztlich nicht zu erfassen ist | *Purpurne Seuche, Hunger, der grüne Augen zerbricht.* |
| **Diminutiv:** Verkleinerungsform | *Blümlein, Mäuschen* |
| **Ellipse:** unvollständiger Satz, fehlende Satzteile | *Je früher, desto besser.* |
| **Enjambement:** Satz greift auf nächsten Vers über | *Die Wolken fliegen / über das weite Land.* |
| **Epipher:** gleiches Ende aufeinanderfolgender Sätze/Verse | *Alle lieben den Hund. Die Nachbarn reden nur noch über diesen struppigen Hund.* |
| **Euphemismus:** beschönigende Umschreibung, Untertreibung | *Wir müssen Personal abbauen.* (anstatt: *Wir müssen unseren Mitarbeitern kündigen.*) |
| **Exclamatio:** Ausruf | *Hoch soll er leben!* |
| **Geminatio:** unmittelbare Wiederholung eines Wortes oder Satzteils | *Geh, geh!* |
| **Hyperbel:** sehr starke Übertreibung | *Ich warte hier schon drei Millionen Jahre auf dich.* |
| **Inversion:** Abweichung von normaler Satzstellung | *Am Straßenrand eine seltene Pflanze ich sah.* |
| **Ironie:** versteckter Spott, gemeint ist das Gegenteil von dem, was geschrieben bzw. gesagt wird | *Du bist mir ja ein Superhirn!* (anstatt: *Das war dämlich von dir.*) |

| Stilmittel | Beispiel |
|---|---|
| **Klimax:** (meist dreischrittige) Steigerung | *Sie kicherten, lachten, grölten.* |
| **Lautmalerei:** Nachahmung eines (Natur-)Lautes | *Klingeling, Kikeriki, Ticktack* |
| **Litotes:** Bejahung durch doppelte Verneinung | *Die Schüler sind nicht unwillig.* |
| **Metapher:** bildhafter Ausdruck mit übertragener Bedeutung, Vergleich ohne Vergleichspartikel | *Du bist die Sonne meines Lebens. Dein Haar ist flüssiges Gold. Wir stehen am Fuß des Berges.* |
| **Metonymie:** Verwendung eines Ausdrucks in übertragener Bedeutung (Gesagtes und Gemeintes stammen aus demselben Wirklichkeitsbereich) | *Deutschland jubelt, Kafka lesen, eine Tasse trinken* |
| **Neologismus:** Wortneuschöpfung | *Himmelsengelsstimme* |
| **Oxymoron:** Kombination aus Wörtern, die sich widersprechen | *bittersüß, alter Knabe, Hallenfreibad, Eile mit Weile* |
| **Paradoxon:** inhaltlich unlogische und widersinnige Aussage, meist in Form eines ganzen Satzes | *Der Schmerz des Verlusts erfüllte sein Herz mit Freude.* |
| **Parallelismus:** aufeinanderfolgende Sätze oder Satzteile mit gleichem Satzbau | *Nina traf Nils im Park. Max besuchte Tatjana im Café.* |
| **Parenthese:** Einschub | *Dieses Buch – ich möchte ehrlich sein – hat mir nicht gefallen.* |
| **Periphrase:** Umschreibung eines Begriffs | *„der Gefallene“* für *„Sünder“* |
| **Personifikation:** Gegenständen oder abstrakten Begriffen werden menschliche Fähigkeiten/Eigenschaften zugeschrieben | *Der Wind spielte mit ihrem Haar und streichelte ihre Wange.* |
| **Pleonasmus:** Häufung sinngleicher Wörter | *Sie ist brav, nett, lieb.* |
| **Polysyndeton:** Verbindung zwischen Wörtern und Satzteilen durch mehrmalige Wiederholung derselben Konjunktion | *Und es wallet und siedet und brauset und zischt.* |
| **Rhetorische Frage:** Scheinfrage, erwartet keine Antwort | *Wer hat noch nie einen Fehler gemacht? Hast du vollkommen den Verstand verloren?* |
| **Symbol:** Sinnbild, das für Abstraktes steht | *rote Rose* (für Liebe), *weiße Taube* (für Frieden) |
| **Synästhesie:** Vermischung von Sinnesgebieten | *goldene Töne* |
| **Synekdoche:** Ein Teil steht für das Ganze (auch Pars pro toto) oder das Ganze steht für einen Teil (auch Totum pro parte). | *ein Dach über dem Kopf haben, eine Bibliothek lesen* |
| **Vergleich:** bildhafter Ausdruck, durch Vergleichswort (*wie, als*) mit Gemeintem verknüpft | *Sie ist leicht wie eine Feder, er ist schwer wie ein Elefant.* |